企业市场营销管理创新路径研究

刘 蔚 著

黑龙江科学技术出版社
HEILONGJIANG SCIENCE AND TECHNOLOGY PRESS

图书在版编目（CIP）数据

企业市场营销管理创新路径研究 / 刘蔚著 . –– 哈尔滨 : 黑龙江科学技术出版社 , 2023.1
ISBN 978-7-5719-1732-6

Ⅰ . ①企… Ⅱ . ①刘… Ⅲ . ①企业管理—市场营销—研究 Ⅳ . ① F274

中国国家版本馆 CIP 数据核字 (2023) 第 024318 号

企业市场营销管理创新路径研究
QIYE SHICHANG YINGXIAO GUANLI CHUANGXIN LUJING YANJIU

作　　者	刘　蔚
责任编辑	陈元长
封面设计	汇文书联
出　　版	黑龙江科学技术出版社
地　　址	哈尔滨市南岗区公安街 70-2 号　邮编：150001
电　　话	（0451）53642106 传真：（0451）53642143
网　　址	www.lkcbs.cn　www.lkpub.cn
发　　行	全国新华书店
印　　刷	哈尔滨景美印务有限公司
开　　本	710mm×1000mm　1/16
印　　张	9.5
字　　数	155 千字
版　　次	2023 年 1 月第 1 版
印　　次	2023 年 1 月第 1 次印刷
书　　号	ISBN 978-7-5719-1732-6
定　　价	48.00 元

前　　言

市场营销是企业运营与发展的中心和灵魂，企业通过对环境、市场、消费者等进行深入、全面的分析，根据消费者的需求，设计、生产适销对路的产品，并建立良好的企业形象，通过各种有效的手段将产品推向市场，最终达成企业的目标。为了在日益激烈的市场竞争中生存，企业必须不断完善和创新自身市场营销管理能力，制定科学合理的营销策略，使企业的供给能满足市场的需求，通过产品交换来达到良性循环，从而满足企业自身发展的趋势。市场营销策略的制定在很大程度上影响了企业战略目标的制定，根据市场环境的变化，及时调整和改进企业的市场营销策略，在提高企业经济效益及社会效益的同时，建立顺应市场发展的战略目标，促进企业持续稳定的健康发展。因此，对企业而言，如何在激烈的市场竞争中选择和制定适合自己发展的市场营销方案和营销策略显得极其重要。

本书首先介绍了市场营销的基本内涵，其次分析了新经济时代环境下的市场营销内容，再次对企业市场营销战略管理及企业市场营销管理体系创新框架进行了研究，最后提出了市场营销管理创新路径。

本书在编写的过程中，得到了出版社领导和编辑的大力支持，还有许多同事为本书的编写提供了大量的资料，在此一并表示衷心的感谢。由于时间紧，工作量大，难免会有不足之处，恳请大家批评、指正。

目　　录

第一章　市场营销历史与发展

第一节　市场营销溯源

一、市场营销历史发展因素

20 世纪以前，由于经济发展水平和历史阶段的局限，对企业市场营销活动的研究始终未能发展成为一门科学。究其原因，主要是古希腊哲学家贬低市场活动的思想的持续影响，导致商业活动在社会中长期处于被人轻视的地位。柏拉图在其著作《法律篇》中写道："贩卖使商人腐败。"所以，当时雅典公民被禁止从事商业活动，只准许外来人从事商业活动。

1776 年亚当·斯密（Adam Smith）的科学巨著《国民财富的性质和原因的研究》（简称《国富论》）出版，标志着古典经济学体系的创立，实现了西方经济学演进的第一次革命。亚当·斯密在《国富论》的开头，论述决定人均国民收入增长的因素时，提出了"需求总是不成问题的"的著名论断。

由于当时社会生产力水平很低，经济学研究重点就理所当然地放在如何实现资源有效配置、如何提高社会生产力、如何生产出更多的商品等一些问题上，而对于消费者的需要，生产者则根本不必关心。之后的古典经济学者托马斯·马尔萨斯（Thomas Malthus）、大卫·李嘉图（David Ricardo），以及后来的庸俗经济学主流学派，都继承了斯密的这一观点，直到约翰·凯恩斯（John Keynes，以下简称"凯恩斯"）提出有效需求理论。可见，在理论上，20 世纪 30 年代以前缺乏市场营销存在的理论基础。

19 世纪末 20 世纪初，继英国产业革命之后，一些主要的资本主义国家相继完成了产业革命。特别是近代科学技术诞生以来，相继发生了三次技术革命。

二、市场营销学的诞生

市场营销学是在资本主义商品经济高度发展、社会基本矛盾日益尖锐的情况下形成的，其根本原因是生产的日益扩大和有效需求的相对减少。20世纪初期，由于资本的积累和集中，生产规模日益扩大，社会产品迅速增加，从而要求生产者不断扩大产品的销售市场。同时，人民的支付能力有限，产品销售市场相对缩小。这样，就形成了供过于求的矛盾，出现了"生产过剩"现象，使资本主义企业经常处于经营危机之中。面对着市场上积存商品的增多和有效需求相对减少的矛盾，生产企业不得不更加关心自己产品的销路，许多企业开始认识到市场已经成为引导企业生产、决定企业命运的关键因素，进而试图寻找和采用一些有效的经营方法，以便在市场竞争中处于有利的地位，求得企业的生存和发展。同时，一些经济学家也开始收集研究企业从事市场营销活动的经验，应用各种理论和技术方法，了解和分析市场情况，预测市场发展趋势，摸索市场变化规律，以便企业进行各种经营决策和制订经营计划。

市场营销学作为一门学科，发源于美国。早在19世纪，美国学者已经发表和出版了一些分别论述推销、广告、定价、产品设计、品牌业务、包装业务和实体分配等问题的论文及论著。从1902年开始，美国的知名大学相继开设了有关市场营销的课程。1912年，美国哈佛大学的 J. E. 哈格蒂（J. E. Hagerty）教授通过对大企业主的调查，了解他们如何进行市场销售活动，写出了第一本以"市场营销"命名的教科书。这本书的问世，被视为市场营销学作为一门独立学科出现的里程碑。但是，它的内容实际上还只是局限于"分配学"和"广告学"，只着重研究推销方法，与现代市场营销学的原理、概念存在着很大差异，还没有形成完整的体系，也没有市场营销学明确的理论原则，而是以传统经济学说作为自己的理论基础。同时，这一时期的研究活动基本上局限在大学里，没有干预企业主争夺市场的业务活动，因此没有引起社会的足够重视。后来，市场预测开始成为热门的研究课题。有的学者如巴布森（R. W. Babson）首先运用市场物价指数编制市场预测图表，并设立商业服务社，为工商企业提供商情资料，逐渐引起企业界的重视。

第二节　市场营销发展历程

一、第一阶段

20 世纪 20 年代以后，不同版本的市场营销学教科书相继问世，初步建立了这门学科的理论体系。1929 年至 1931 年，资本主义世界爆发了空前的经济大危机，生产过剩、商品销售困难、企业大量倒闭、市场需求大大下降，企业面临如何把商品销售出去的重大问题。这次危机暴露出经济学理论对市场需求的观点已经不能适应经济发展的客观现实。1936 年凯恩斯发表了《就业、利息和货币通论》，确立了凯恩斯主义半个多世纪的经济学领域领导地位，凯恩斯的有效需求理论得到了经济学界的普遍认同。市场营销学者也开始重视对市场需求的研究，其中一些学者研究了调整、预测、消费需求分析、需求刺激等，市场营销理论也逐渐受到社会和企业界的重视，市场营销理论的研究组织相继成立，其突出的标志是 1937 年成立美国市场营销协会。可以说凯恩斯的有效需求理论在理论上促成了市场营销学的第一次发展。

总之，这一阶段市场营销学的研究虽然还是局限在流通领域内，重点研究的是产品的推销术、广告术、怎样建立有利于推销产品的组织机构、职能和策略等内容。

二、第二阶段

1945 年后，美国军事工业转向民用工业，使民用工业的生产能力大大提高；同时由于科学技术的进步和发展，劳动生产率大幅度提高，商品数量急剧增加，各色品种日新月异；20 世纪 30 年代经济大危机之后，凯恩斯主义盛行，西方政府普遍推行了一整套被人们称为"三高"的社会经济政策，即高工资、高福利、高消费，用以刺激和提高人们的购买力，使得消费需求和欲望日益向多样化、个性化方向发展。消费者对商品的需求由量向质转变，市场上商品供过于求，逐渐由卖方市场转化为买方市场，市场竞争更加激烈。在这种情况下，企业不得不把眼光从产品转向市场，经营活动从"以生产为中心"转为"以消费者为中心"。

美国市场营销学家 W. 奥尔德逊（W. Alderson）和 D. 柯勒斯（D. Cox）在其论著中，提出了市场是生产者与消费者实现产品和劳动潜在交换的场所，凡是为了保证实现这一潜在交换所进行的一切活动，都属于营销活动，即市场是生产过程的起点，营销的职能首先是分析和判断消费者的需求和欲望，并据以提供适宜的产品或服务，使生产者和消费者之间的"潜在交换"得以顺利实现，在此基础上获得企业自身的经济利益。这一新观念的提出，使市场营销理论有了一个质的飞跃。1960 年，市场营销学家尤金·麦卡锡（Eugene McCarthy）在其著作《基础市场营销学》中，第一次提出了产品、价格、渠道、促销的策略，简称为"4Ps"的营销组合新概念，构成了现代市场营销学的基本内容。1967 年，著名的市场营销学家、美国西北大学教授菲利普·科特勒（Philip Kotler，以下简称"科特勒"）的《营销管理：分析、计划、执行和控制》全面系统地论述了现代市场营销的基本原理和管理体系。科特勒提出：营销管理的实质是需求管理，经理的任务不只是刺激消费者对本企业产品的需求，还要影响需求的水平、时机和构成，以帮助企业达到自己的目标。他认为：市场营销不仅适用于营利组织，也适用于非营利组织。这种观点进一步扩大了市场营销学的研究和应用范围。

三、第三阶段

20 世纪 60 年代中期以后，市场营销学与现代企业管理理论相结合，成为现代企业经营管理决策的重要组成部分，被广泛应用于工商企业经营管理决策实践，越来越受到工商企业家的重视。同时，社会学、心理学、消费行为学、组织行为学、公共关系学、数学等学科中的理论、技术和方法不断被引入市场营销学中，使其更加充实和完善，发展成为一门多学科交叉的、应用性很强的综合性管理学科，并被世界各国普遍接受。

　　20世纪70年代，美国出现经济滞涨、资源短缺和环境污染等问题。同时，美国完成了后工业化整合，实现了对国民经济产业结构的深度调整。工厂日益小型化，第三产业成为国民经济的主体产业，并且把信息产业作为带动未来经济增长的战略重点。为了适应这些变革，一些市场营销学者开始关注市场营销的社会性问题，并强调和注重营销活动与营销环境的协调，经济效益与社会效益的结合，营销决策也运用了系统分析的方法。市场营销理论研究的重点由技术营销转移到战略营销，认为在一个动态的环境中，企业为了求得生存和发展，不但要善于创造顾客并满足他们的要求，还必须善于适应不断变化的市场，制订战略计划，实施战略管理。20世纪80年代，针对贸易保护主义封闭市场的状况，科特勒提出了"大市场营销"概念，将营销组合理论由"4Ps"发展为"6Ps"，后来又进一步扩大至"7Ps""10Ps""12Ps"。20世纪90年代以来，"关系营销""网络营销""全球营销"等新的观点和观念不断涌现，大大丰富和发展了市场营销学的内容，使市场营销理论更趋完善。

第二章　新经济时代环境下的市场营销

第一节　新经济时代环境下的市场特征分析

当今世界正处于一个快速而深刻的变革时期。继农业化时代的第一次经济浪潮、工业化时代的第二次经济浪潮后，如今世界正在步入第三次经济浪潮。这一经济浪潮的显著特征是文化、创造力、环境及传统的传承成为世界的主题。全球科技已经从机械化时代进入数字化时代。大数据、移动化、社会化媒体成为新的时代背景，影响着消费者的心理和行为，营销活动随之进入了一个全新的时代。

一、大数据

2011 年，麦肯锡公司发布了《大数据：创新、竞争和提高生产率的下一个新领域》，该文章对大数据十分重视，并认为数据在当今的每一项业务及行业范围内都存在且发挥着巨大的作用，数据已经慢慢地变成了举足轻重的生产因素。当今社会，人们通过运用大数据来不断提升生产率和消费者的盈余。

对于大数据，研究机构 Gartner 给出了这样的定义。第一，大数据是具有更强的决策力、洞察发现力和流程优化能力的海量数据。目前，全球数字信息总量已达 ZB 级别。第二，类型繁多。包括网络日志、音频、视频、图片、地理位置信息等，多类型的数据对数据处理能力提出了更高的要求。第三，价值密度低。数据总量大，但真正的核心的、有价值的数据少，致使数据的价值密度低。第四，速度快、时效高。大数据时代和传统数据时代最明显的区别就是大数据时代的数据能够以更快的速度被处理。

大数据时代的到来对营销模式产生了极为深刻的影响。传统的营销方式已经难以满足当下的市场需求，大数据时代的到来为精准营销创造了条件，商家可以利用消费者的活动数据，进行相应的整理和分析，从中得到营销活动所需要的信息，并针对目标客户制定相应的营销方案，以此获得最大的营销效果。大数据蕴含着巨大的营销价值，为营销活动的开展提供了无限的可能，但是营销者仍然需要保持足够的清醒，全面认识大数据时代营销过程中可能出现的不利因素。随着大数据时代信息量的激增，新的变量也会随之出现，社会中将充斥着失控和混乱，原先营销的方法等都变得不一定有效了。因此，我们在大数据背景下开展营销活动时必须时刻注意对整体的掌控度。

二、社会化媒体

近年来，我国互联网发展迅速。网络的普及与技术的发展，不仅改变了人们的生活方式，也催生了社会化媒体的诞生。《什么是社会化媒体》的作者安东尼·梅菲尔德（Antony Mayfield）认为，社会化媒体的本质是在线型的媒体，它的作用是给使用者提供能够自身体验的空间。该类媒体具有公开性、参与性、对话性、交流性、社区性、联通性等特点。美国公关协会（Public Relations Society of America，PRSA）对于社会化媒体的定义是，从趋势来看，社会化媒体是人们通过使用中心化的、以人为基础的网络来获取他们所需要的东西，而非传统的商业或者媒体。社会化媒体包括社交网站、即时通信、消费点评等。社会化媒体的普及不仅给人们的生产生活带来极大便利，更是对企业营销及消费者行为的转变带来巨大影响。

社会化媒体营销就是利用社会化媒体的开放式平台，对社会大众进行的营销、销售、关系和服务的营销方式。社会化媒体改变了传统的营销模式，它集中于创造有吸引力的信息，并鼓励用户分享到他们的社交网络上。信息按照从用户到用户的传播方式，帮助企业建立网上信誉和品牌的信赖度。随着时间的推移，这可能带来更多的销售，因为人们倾向于购买他们（或者他们的朋友）信任的产品品牌。此外，社会化媒体已经成为一个平台，使得每个拥有网络连接的人可以方便地进入。它增加了企业与用户之间的交流，培养了品牌意识，提高了客户服务。因此，这种形式的营销是靠口碑来推动的，它推动产生了口碑媒体而不是付费媒体。

三、移动化

移动互联网络的出现，打破了固定网络在时空上的限制，使人们可以随时随地接触并使用网络。随着移动互联网和移动终端的飞速发展，移动化趋势已成为不可逆转的时代潮流。在移动化趋势下，消费者获取信息更加便捷，消费者的行为也受到一定的影响。在这种情况下，移动营销越来越受到重视。对此，移动营销协会（Mobile Marketing Association，MMA）在 2006 年对移动营销给出如下定义：“利用无线通信媒介作为传播内容进行沟通的主要渠道，所进行的跨媒介营销。”移动营销相较于传统营销方式，有如下特点。

（1）便携性。移动营销可以让消费者随时随地参与消费活动，通过手机或者各种智能化的移动设备完成品牌搜索、产品信息互动、相关价格比对等此前只能在计算机上完成的购买行为。

（2）庞大的顾客群。人们对于手机的依赖明显大于计算机。而且几乎所有的网络社区都已经实现移动平台化，这一措施会将更多的网络用户引入移动互联网中。

（3）低成本。基于移动互联网的营销手段，可以极大程度地降低营销成本。对于企业来说，减少广告宣传费用，只需开发一款 App（应用程序）或注册社交平台账号便可以实现针对目标客户群或者潜在客户群进行“一对一”的营销活动。

（4）定位精准。在当今快速反应的消费模式时代，企业对于消费群体迅速定位也至关重要。移动营销结合大数据，能够帮助企业对用户的使用相关数据进行统计分析，并利用这些信息来制定营销方案，实现定向产品信息投放，避免信息传播中的误投而造成品牌形象受损的局面。

第二节　当前国内市场营销存在的问题剖析

一、市场营销观念落后

对于国内的企业而言，市场营销观念是其开展营销活动的基本指导思想，若企业营销观念存在问题，则很有可能导致企业走向消亡。然而，部分企业并未充分认识到市场营销观念的重要性，从而导致观念跟不上时代的发展，用落后的市场营销观念来指导营销活动，取得的成效必然微乎其微，一旦市场营销出现问题，势必会对企业的经营和发展带来极为不利的影响。

二、市场营销管理体制不健全

企业普遍存在市场营销管理体制不健全的问题。一方面，企业没有建立基本的营销工作流程，对市场供求关系变化的反应速度较慢。企业内部市场营销部门与技术部门和生产部门没有建立起沟通渠道，导致营销计划的执行度偏低，降低了市场营销的有效性。另一方面，企业没有针对市场营销工作明确划分营销规划、客户管理、物流管理、信息管理和宣传管理等岗位职能，缺乏相应的管理机制，使得市场营销管理的运作效率不高。同时，在营销战略制定方面，对短期营销缺乏操作性强的营销计划，使得短期营销不符合实际情况；对长期营销缺乏科学合理的战略规划，使得长期营销过于追求短期利益，而忽视长远利益。

三、缺乏市场调研

消费者需求具备多样性的特点，受企业经营规模的限制，任何企业都不可能满足所有消费者的不同需求。在市场营销中，企业只需满足某一类或某几类特定消费者的需求。这就需要企业深入开展市场调研活动，为营销策略的制定提供依据。然而，企业将经营重点放在产品生产方面，忽视市场调研的重要性，没有做好市场需求预测工作，也很少根据消费者需求来设计和销售产品，从而使得产品经常出现适销不对路的情况，对企业销售业绩造成严重影响。

四、营销战略的可操作性不强

企业要想获取生存和发展的机会，就必须制定科学合理的营销战略，作为企业营销活动的行动指导。但大部分企业对产品定位模糊，品牌意识薄弱，没有充分分析竞争对手和目标顾客，营销方法单一落后，没有形成理性的营销战略。在营销管理过程中，企业对产品质量、企业形象和公关建设没有给予足够的重视，使营销战略的实施缺乏有力支撑，极容易使企业在激烈的市场竞争中失利。

五、网络营销存在误区

随着网络时代的到来，网络营销已经成为市场营销的重要方式之一，同时也为企业低成本开拓市场提供了新契机。部分企业营运资金有限，不能投入庞大的广告费用，所以企业更倾向于利用网络开展营销活动。但企业对网络营销的认识不足，存在诸多误区，未能充分发挥网络营销的功能，使得网络营销收效甚微，延误了拓展市场的机会。

六、市场营销队伍素质不高

人力资源是企业重要的战略性资源，是企业发展的不竭动力。对于市场营销管理而言，企业没有针对营销工作需求建立起一支高素质的营销队伍，也没有形成科学合理的人才引入、人才竞争、人才激励和人才培养机制，使得专业化营销人才极为匮乏。同时，企业没有在薪酬待遇和职业规划方面为营销人员创造前景目标，使得营销人员的个人发展目标与企业发展目标存在较大偏差，难以激发营销人员工作积极性，使得企业频繁出现人才流失现象。

第三节　新经济时代环境下市场营销的发展趋势

一、营销观念发展新趋势

新经济迅猛发展正改变着整个营销环境，正如美国营销大师唐·舒尔茨（Don Schultz）所说："21 世纪的市场是消费者统治的市场，是互动的不断发展的。它是互联网和万维网时代，也是电子商务的时代，便捷、快速、消费者居于统治地位，不幸的是，我们现在的营销和营销传播思想与方法都是按历史市场来设计的。"的确，我们的营销观念还存在诸多与新经济不相适应的方面，应该看到当前一个时期以至未来，营销观念的发展着重体现在四个方面。

一是更加重视企业营销战略。未来市场营销战略作为一种重要战略，主旨是提高企业营销资源的利用效率，使企业资源的利用效率最大化，在企业经营中居于突出的战略地位，对于保证企业总体战略的实施起着关键作用。未来尤其是对处于竞争激烈的企业，制定营销战略更显得非常迫切和必要。

二是企业更加重视合作营销。合作营销，就是联合营销，主要是指厂商之间通过共同分担营销费用，协同进行营销传播、品牌建设、产品促销等方面的营销活动，以达到共享营销资源、巩固营销网络目标的一种营销理念和方式。合作营销的最大好处是可以使联合体内的各成员以较少费用获得较大的营销效果，还能达到单独营销无法达到的目的。未来企业营销要求实行资源共享、优势互补的双赢的战略联盟，企业间合作已是大势所趋。

三是企业更加重视营销人才。知识经济时代企业要重视资本更要重视营销人才的作用，没有资本但有营销人才，企业营销同样可以开展。美国通用公司总裁曾经说过："如果我一夜之间失去了所有的财产，而只要我们的员工还在的话，我同样可以重新开始。"从中我们不难看出营销人才的重要性，营销人才是未来营销制胜的核心资本。

四是企业更加重视顾客。从营销观念的发展进程中就可看出，每一次营销观念的重大变革，都是向重视顾客方向更进一步发展的结果。未来营销观念的演进也是如此，不过更加重视的是顾客的个性化需求、差别化需求和更加细化、深化的需求。

二、营销策略的发展趋势

未来企业市场营销策略发展的新趋势和变化，主要从以下四个方面论述。

（一）注重绿色营销

绿色营销顾名思义，是企业在市场营销的过程中对绿色环保、社会价值等意识的充分表现，从产品设计生产制造，以及后期废弃物处理等方面所采取的手段，以保证在产品消费过程中所采取与应用的市场营销策略有利于保护环境，有效地解决全球性环境、生态问题，满足消费者的需求，促进资源的合理配置，实现企业的可持续发展，为人类长远发展提供一个绿色生态健康的地球环境。

（二）开展文化营销

近年来，随着人们消费生活水平的提高，人们消费除了满足基本生活层面的需求，更多是对精神层面的追求，这就是产品的文化内涵。在市场营销过程中，如何充分利用各种文化因素，也受到越来越多的企业重视。

（三）推动品牌营销

当前企业营销已经由实体营销转变为观念营销，从产品营销发展成品牌营销。企业市场营销不再局限于有形的产品，重要的是对品牌、形象及价值观念的推销宣传。同时，受到人们日益提高生活水平的影响，消费者追求更高层次、个性化的消费，在购买因素中产品功能所占比例相对较小，更多是心理上的追求。

（四）重视服务营销

在现代市场营销中，服务营销是市场经济体制相对完善之下一个新兴的领域，其中"以市场为中心"和"以顾客为导向"的营销观念，是市场营销的基本范围，是一种行之有效的营销手段。

三、营销组织的发展趋势

营销组织的发展趋势主要朝三个方向发展。

（一）向学习型营销组织发展

学习型营销组织是一种新的管理科学理论，它的本质特征是"善于不断学习"，所谓"善于不断学习"，主要有四点含义。

一是强调"终身学习"，即营销组织中的成员均应养成终身学习的习惯，这样才能形成营销组织良好的学习气氛，促使其成员在工作中不断学习。

二是强调"全员学习"，即营销组织的决策层、管理层、操作层都要全心投入学习，尤其是经营管理决策层，更需要学习。

三是强调"全过程学习"，即学习必须贯彻于营销组织系统运行的整个过程之中。

四是强调"团体学习"，即不但重视个人学习和个人智力的开发，更强调营销组织成员的合作学习和群体智力的开发。

（二）向网络型营销组织发展

近年来，随着竞争的激化和复杂、顾客需求的多样化，很多企业已逐渐认识到要保持竞争优势必须改变组织结构。网络型营销组织结构是一种只有很精干的中心机构，以契约关系的建立和维持为基础，被联结在这一结构中的各经营单位之间并没有正式的资本所有关系和行政隶属关系，只是通过相对松散的契约纽带，通过一种互惠互利、相互协作、相互信任和支持的机制来进行密切的合作。

（三）向虚拟型营销组织发展

所谓虚拟型营销组织，是指为实现对某种市场机会的快速反应，通过互联网技术将拥有相关资源的若干独立企业集结，及时地开发、生产、销售多样化、用户化的产品或服务而形成的一种网络化的战略联盟经济共同体。

四、营销管理的发展趋势

营销管理的趋势主要体现为"三个转变"。

一是从硬式管理向柔性管理的转变。在新经济时代，知识型营销人员增多，靠强制性的硬式管理不但不能见效，反而只会起反作用，知识型营销人员更需要与管理者的沟通，更加重视人的主观能动性、独立性和创造性。

二是从忽视企业内外部协调关系向重视内外部营销管理转变。新经济强调的是持续发展，重外轻内或重内轻外都将妨碍企业的长期发展。营销的目的是要满足顾客的需求，因而企业要在重视企业内部营销管理的同时，将重心转移至外部顾客服务上来，特别注意通过加强内部的管理来实现外部的顾客满意目标。客户关系管理，是一种倡导企业以客户为中心的营销管理思想和方法，是未来营销管理的发展趋势。

三是从忽视营销管理的整合到大力实施整合营销管理的转变。可以预见未来在营销管理中强化营销组合的整合程度将是营销管理成败的关键。

五、营销领域的发展趋势

营销领域的发展趋势主要表现在全球化、国际化营销趋势明显。世界经济一体化使国内市场与国际市场对接，进而致国内市场国际化，不可避免地把现代企业营销置于国际化的环境之中。营销国际化成为企业营销发展的必然趋势。可以预见，未来若干年内，随着自由贸易区域的扩大和各国政策法规对外国投资的放宽，全球市场将进一步开放，所有的企业面临的市场竞争不仅来自本国，更要接受外国强大竞争者的挑战。而全球性的战略联盟进一步加速了市场营销的国际化，特别是国家之间、区域之间和跨国公司之间的战略性联合，缩短了国际市场之间的差异和距离。尽管目前全球联盟仍未形成大规模发展的趋势，但互联网的迅猛发展在客观上为各种联盟创造了良好的条件。近年，西方航空制造业、汽车业形成联盟之后，市场营销战略的全球一体化大大增强了其品牌在国际市场上的竞争力。

第三章　企业市场营销战略管理

第一节　企业战略管理理论体系

一、企业战略管理的层次

企业内部往往设置若干管理层次，如最高管理层、中间管理层和监督（基层）管理层。尽管战略管理的最终责任由最高管理层的人员承担，但其他管理层的管理者都要参与战略管理，甚至要制定和实施各自范围内的某种战略，这样便会在企业内形成战略管理层次。

在一般企业中有企业总体战略和按职能系统分别制定的职能性战略；在企业集团或特大企业中往往设有事业部等战略经营单位，各事业部还要分别制定其战略，此战略介于企业总体战略与职能战略之间。

二、企业总体战略

企业总体战略又称公司战略或主战略，是对企业全局的长远性谋划，由其最高管理层负责制定和组织实施。无论企业规模大小、产品多少，其总体战略主要是解决经营范围、方向和道路问题，具体考虑以下三点：①企业是否应当扩张、收缩或维持现状不变；②假如企业要扩张，是通过内部发展，还是通过外部收购、合并或合资经营；③企业应当集中从事现有产业的经营，还是涉足其他产业。

企业总体战略有许多种，从经营的方向来看，大体上可分为扩张型、稳定型和紧缩型三个大类。在确定了大方向之后，企业的战略管理者再进一步选择一种或几种具体的公司战略。

三、企业经营战略

经营战略是企业战略经营单位的战略，也称为事业部战略。大型企业集团在公司总部之下常设若干事业部、子公司等战略经营单位，它们应当在企业总体战略指导下分别制订各自的战略规划，推行战略管理。

经营战略主要解决如何在特定的产业或市场中去参加竞争，改善自身的竞争地位，赢得竞争优势，所以实际上是一种竞争战略。它要回答的问题有两个：①本单位应当依靠低成本还是依靠其他因素（质量、服务等）去竞争；②本单位应当同主要竞争对手正面对抗，以追求最大的市场份额，还是找一个不大的但仍有利可图的细分市场。必须指出，这种竞争战略对那些没有战略经营单位的公司、企业也同样适用。

对竞争战略的研究，迈克尔·波特（Michael Porter，以下简称"波特"）提出了三种一般的竞争战略：总成本领先、差别化、集中化。他指出，一家公司或其下属的战略经营单位有可能同时做到低成本和差别化，但这种情况通常是暂时的，因为为了做到差别化往往要支出更多的费用。

然而随着生产技术的进步，特别是柔性制造技术的发展，同时做到低成本又差别化的可能性大大增加了，因此有些学者补充提出了一种"既成本领先又差异化"的战略。这些学者举出的技术进步因素包括：①柔性制造技术的应用，如组织混流生产线，就能执行差别化战略而不增加太多的费用；②零件标准化、通用化的发展和成组技术的应用，使多品种的生产能做到低成本、高质量；③采用准时生产制等先进的生产组织形式，可以减少生产线上加工的零部件品种数和大幅度地压缩存货；④一些现代化管理方法如价值工程和价值分析等的广泛应用，可做到既保证和改善产品的质量，又直接降低其成本。

如果一个企业或其战略经营单位未能采用上述四种战略中的任何一种，那就叫作"徘徊其间"。

当一个企业处于"徘徊其间"状态时，利润就会很低，企业必须尽快做出决策，采取必要步骤实现成本领先或差别化，或至少与对手相匹配，以求摆脱困境。

四、职能性战略

职能性战略是在企业总体战略和战略经营单位的战略指导下，由各职能系统分别制定的战略，其目的是保证企业总体战略和战略经营单位的顺利实施和预定战略目标的实现。因此，职能性战略的制定一般都列入战略实施阶段。

职能性战略同企业总体战略相比较，具有下列特点：①其时间跨度一般要比企业总体战略短些；②其内容要比企业总体战略更为具体；③职能性战略的制定，需要中层管理部门和人员的积极参与。

第二节 企业市场营销环境分析

科特勒指出："市场营销环境就是影响公司的市场和营销活动的不可控制的参与者和影响力。"这些不可控制的因素分为微观环境和宏观环境两大类。微观环境由企业及其周围的活动者所组成，直接影响企业为其目标顾客服务的能力，它由企业本身、供应商、营销中介、顾客、竞争者和公众所组成；宏观环境由一些影响企业市场营销活动的巨大的社会力量所组成，包括人口环境、经济环境、社会文化环境、技术环境、自然环境和政治法律环境等，它们的变化可能给企业带来市场机会，也可能给企业造成环境威胁。企业的营销环境在不断变化之中，因此企业营销人员应当密切关注营销环境的变化，正确分析营销环境的变化给企业带来的机会或造成的威胁，并据此调整企业的市场营销决策，增强企业的适应能力和竞争能力。

一、微观环境分析

市场营销微观环境对企业营销活动的影响，主要体现在企业的具体对外业务往来过程中，其中企业本身、供应者、营销中介、目标顾客、竞争者、公众是市场营销微观环境的主要构成要素。每个企业的基本目标都是在营利前提下为其所选定的目标顾客服务，满足目标市场的特定要求。要想实现这一任务，企业要同许多供应者和营销中介联系起来，才能接近目标顾客。供应者—企业本身—营销中介—顾客形成企业的基本营销系统。此外，企业营销的成败还要受到两个因素的影响：一是竞争者；二是公众市场营销微观环境。

（一）企业本身

企业在进行营销活动时，首先必须设立某种形式的营销部门，让它负责主要的营销工作。一般公司的市场营销是由市场营销部和销售部管理的，它由品牌经理、营销研究人员、广告及促销专家、销售经理及销售代表等组成。市场营销部负责制订现有各个产品、各个品牌及新产品、新品牌的研究开发的营销计划。但同时，营销部门不是孤立存在的，它还面对着其他职能部门和高层管理部门。营销管理部门在制订营销计划时，必须考虑到与公司其他部门的协调，如与最高管理层、财务部门、研究开发部门、采购部门、生产部门和会计部门等的协调，因为正是这些部门构成了营销计划制订者的公司内部微观环境。营销部门与其他部门之间既有多方面的合作，也存在争取资源方面的矛盾。这些部门的业务状况如何，它们与营销部门的合作及它们之间是否协调发展，对营销决策的制定与实施影响极大。

（二）供应商

供应商是指为企业及其他竞争者提供所需要素、资源的有关企业、组织和个人。其中，物资供应商为企业提供原辅材料、零部件、设备、能源等，他们对企业营销活动的影响，如所提供的原辅材料的价格、质量、数量和及时与否，都直接影响企业的产品生产和市场竞争力。企业不可过分依赖单一的供应商，一些企业实行了供应链管理，目标在于实现"零库存、零反应速度和零距离"的即时生产运营系统。一些企业实行全球采购，以保证采购物的低成本和高质量。

（三）营销中介

企业的市场营销活动都需要一些营销中间环节的协助。因为存在着集中生产和分散消费的矛盾，必须通过中间商的分销来解决；实体分配要靠运输公司来解决，即提供地点效用、时间效用、数量效用、品种效用等。

营销中介是指直接或间接协助企业产品销售涉及的所有的公司、组织和个人，可分为四类：中间商、实体分配机构、营销服务机构、金融机构。在企业经营中，它们与营销中介的关系非常重要。

1. 中间商

中间商分为商人中间商和代理中间商。商人中间商从事商品的购销活动，对商品拥有所有权，如批发商和零售商。代理中间商推销产品、协助达成交易，对产品没有所有权，如经纪人和制造商代表等。大批商业机构的崛起和零售业态的变化，为营销者提供了更多选择。

2. 实体分配机构

实体分配机构是指为商品交换和物流提供便利，并不直接经营商品的组织或机构，如运输公司、仓储公司等。发达的交通运输业形成了"铁路—公路—航空—水路"立体的物流分配体系，可供营销者选择迅捷、安全、低成本的物流通道。

3. 营销服务机构

营销服务机构的范围比较广泛，如市场调研公司、广告公司、营销咨询公司等都在此列。

这些机构提供的专业服务也是企业营销活动过程中不可缺少的。当然，有的企业本身有这种机构，或者自己能承担这方面的工作，但是对于大多数企业来说，这些机构是非常必要的。企业在利用这些机构时，应谨慎选择，因为这些机构在创新、质量、服务与价格方面会有相当大的差异。

4. 金融机构

金融机构包括银行、信贷机构、保险公司等为企业营销活动提供融资及保险等的所有业务单位。在现代化的社会里，金融机构是绝对必需的，每一个企业都要与金融机构建立一定的联系，开展一定的业务往来。银行的贷款利率上升或保险公司的保险金额上升会造成企业的营销活动受到影响、信贷来源受到限制等情况，会直接影响到企业的日常运转，使企业处于困境。

（四）顾客

顾客是指企业产品服务针对的对象，也就是企业目标市场的成员。顾客需要是影响组织营销活动最重要的因素，研究顾客需求和偏好是组织营销活动的起点，同时顾客又是企业的目标市场，是企业服务的对象，因此顾客是营销活动的出发点和归宿。其主要内容包括以下三点。

1. 销售对象分析

调查产品的销售对象是哪些人，并对其性别、年龄、文化程度、职业、居住地区、生活方式等进行分析，进而掌握影响购买的是哪些人，如何对购买者产生影响。

2. 购买动机分析

购买动机是对消费者购买产品的目的、欲望及受何种思想与情绪的支配，从内在方面进行剖析。

3. 购买过程的分析

消费者因为需求、欲望和动机的发生而产生购买行为。分析消费者的购买过程，了解消费者购买时应考虑哪些问题，从何处收集商品信息，选择和比较商品的方法与标准，获得满足的主要条件等，这样可以使企业的销售活动更有效地进行。一般来说，企业的广告宣传或人员推销活动，应该针对消费者购买过程的各个阶段进行。

（五）竞争者

狭义上的竞争者是指同类产品的竞争者，广义上的竞争者不但包括来自相似产品当前的、直接的竞争者，还包括来自不同类别的潜在、间接的竞争者。我们可以把竞争者分为欲望竞争者、形式竞争者、行业竞争者、品牌竞争者四类。

1. 欲望竞争者

欲望竞争者是指来自不同行业的提供商向同一消费者群体提供不同的产品或服务，以满足不同需求的竞争者。如食品制造商、高等教育提供商和娱乐设备提供商之间为争夺具有不同消费欲望的消费者而展开的竞争。他们各自都希望消费者把有限的可任意支配收入投向购买自己提供的产品。实际上，欲望竞争者是在争夺消费者的钱包。

2. 形式竞争者

形式竞争者是指向同一消费者群体提供能够满足同一种需求但产品形式不同的竞争者。如电影、电视和影碟机都能满足影视娱乐需要，自行车、摩托车、汽车等都可以用作家庭交通工具，但它们是可以相互替代的，因而构成竞争关系，来自不同行业的提供商为争夺消费者而展开竞争。

3. 行业竞争者

行业竞争者是指制造同样或同类产品的不同公司，它们以同类但不同品种、不同规格的产品，争夺有着相同需求的消费者。

4. 品牌竞争者

品牌竞争者是指以相近的价格向相同的顾客群提供不同品牌的相同产品和服务的竞争者，这些竞争者之间展开直接的竞争。

（六）公众

公众是指对一个组织实现其目标的能力具有实际或潜在利害关系和影响力的一切团体和个人。一个企业不仅仅有竞争对手与之争夺目标市场，对该企业进行业务活动的方式发生兴趣的还有各类公众，他们或者欢迎，或者抵制。企业的所有员工，上至高层管理者，下至基层业务员、工人，都应对企业建立良好的公共关系负责。

公众可能有助于增强一个企业实现自己目标的能力，也可能妨碍这种能力。鉴于公众会对企业的命运产生巨大的影响，精明的企业会采取具体的措施去成功地处理与主要公众的关系，而不是不采取行动并等待。大多数企业都建立了公共关系部门，专门筹划与各类公众的建设性关系。公共关系部门负责收集与企业有关的公众的意见和态度，发布消息、沟通信息，以建立信誉。如果出现不利于公司的反面宣传，公共关系部门就会成为排解纠纷者。

当然，一个企业的公共关系事务如果完全交给公共关系部门处理，那将是一种错误。企业的全部雇员，从负责接待一般公众的高级职员到向财务界发表讲话的财务副总经理，到走访客户的推销代表，都应该参与公共关系的事务。

每个企业的周围基本都有如下七类公众。

1. 融资公众

融资公众指影响企业融资能力的金融机构，如银行、投资公司、证券经纪公司、保险公司等。

2. 媒体公众

媒体公众指那些刊载、广告播送新闻、特写和社论的机构，特别是报纸、杂志、电台、电视台。企业必须与媒体公众建立友善关系，争取有更多更好的有利于本企业的新闻、特写及社论。

3. 政府公众

政府公众指有关的政府部门。营销管理者在制订营销计划时须认真研究考虑政府政策与措施的发展变化。

4. 社团公众

社团公众是指社会中存在的各类非营利组织，如消费者权益保护协会、环境保护组织，以及行业的学会、协会等。

5. 社区公众

每个企业都同当地公众团体如邻里居民和社区组织保持联系，企业派专人负责处理社区事务，并对社区的发展做出贡献。

6. 一般公众

一般公众指除上述各种关系公众之外的社会公众，企业需要关注一般公众对企业产品及经营活动的态度。虽然一般公众并不是有组织地对企业采取行动，然而企业在一般公众中的形象直接影响公众是否购买该企业的产品。

7.内部公众

企业的所有员工，包括各类管理人员和普通工人，都属于内部公众范围。大企业通常发行内部刊物或利用其他的沟通方式，以增进员工的了解并激励他们。内部公众的态度还会影响企业与外部公众的关系。

二、宏观环境分析

企业的宏观市场环境是企业营销活动的重要外部环境，它通过宏观环境因素对企业营销活动提供机会或制造威胁。宏观环境既对企业的营销活动产生直接影响，也对企业的营销活动产生间接作用。宏观环境是在更大范围产生作用的、企业不可控的因素。企业难以预料和改变其作用，但可以借助有关机构对宏观环境的预测不断调整营销策略。宏观环境主要包括经济环境、自然环境、科技环境、社会文化环境等因素。

（一）经济环境

经济环境是指企业市场营销活动所面临的社会经济条件及其运行状况和发展趋势。主要分析消费者的收入、支出、储蓄和信贷等内容。

1.收入水平及分配模式

收入水平是决定市场购买力的重要因素，在市场经济活动中，仅仅有消费意愿，并不能创造市场，只有既存在购买意愿，又有购买能力，才能产生实际购买行为。消费者的购买力来自消费者的收入，但消费者并不是把全部收入都用来购买商品或劳务，购买力只是收入的一部分。因此，在研究消费收入时，要注意以下五点。

（1）人均国民收入

国民收入是指一个国家物质生产部门的劳动者在一定时期内新创造的价值总和，它是衡量一个国家经济实力与购买力的重要指标。人均国民收入是用国民收入总量除以总人口数，它大体反映了一个国家人民生活水平的高低，也在一定程度上决定商品需求的规模和构成。

（2）个人收入

个人收入是国民收入中消费基金的一部分，是居民在一定时期内得到的可以用于个人消费的倾向收入。一个国家或地区的个人收入的总和除以总人口数，就是个人平均收入。各地区的个人收入总额，可用于衡量当地消费市场的容量，而人均收入的多少，则反映购买水平的高低。

（3）个人可支配收入

个人可支配收入中，有相当一部分要用来维持个人或家庭的生活及支付必不可少的费用。只有在可支配的收入中减去这部分维持生活的必需支出，才是个人可任意支配的收入，这是影响消费需求变化的最活跃的因素。

（4）个人可任意支配收入

这是在个人可支配收入中减去用于维持个人与家庭生活及支付必不可少的费用（房租、水电、食物、燃料、衣着等项开支）后剩余的部分。它是影响消费需求变化的最活跃因素，也是企业开展营销活动时所要考虑的主要对象。因为这部分收入是主要用于满足人们基本生活需要之外的开支，一般用于购买高档耐用消费品、旅游、储蓄等，它是影响非生活必需品和劳务销售的主要因素。

（5）家庭收入

很多产品是以家庭为基本消费单位的，如冰箱、抽油烟机、空调等。因此，家庭收入的高低会影响很多产品的市场需求。一般来说，家庭收入高，对消费品需求大，购买力也大；反之，需求小，购买力也小。

2.消费者支出模式

随着消费者收入的变化，消费者支出模式会发生相应变化，继而使一个国家或地区的消费结构也发生变化。消费支出模式可利用"恩格尔定律"来解释。

随着家庭收入增加，用于购买食品的支出占家庭收入的比重就下降；用于住房及家庭一般性开支（如水电及医疗费）的比重大致维持不变或略微减少；用于服装、交通、娱乐、教育等的支出和储蓄占家庭收入的比重就会增加。

这种消费支出模式不仅与消费者收入有关，而且还受到下面两个因素的影响。

（1）家庭生命周期的阶段影响

据调查，没有孩子的家庭，往往把更多的收入用于购买冰箱、电视机、家具、陈设品等耐用消费品上，而有孩子的家庭，则在孩子的娱乐、教育等方面支出较多，而用于购买家庭消费品的支出减少。当孩子长大独立生活后，家庭收支预算又会发生变化，用于保健、旅游、储蓄部分就会增加。

（2）家庭所在地点的影响

住在农村与住在城市的消费者相比，前者用于交通方面支出较少，用于住宅方面的支出较多，而后者用于衣食、交通、娱乐方面的支出较多。

（二）自然环境

一个国家、一个地区的自然环境包括该地的自然资源、地形地貌和气候条件等，这些因素都会不同程度地影响企业的营销活动，有时这种影响对企业的生存和发展起决定性的作用。企业要想减少由自然环境带来的威胁，最大限度地利用环境变化可能带来的市场营销机会，就应不断分析和认识自然环境变化的趋势，根据不同的环境情况来设计、生产和销售产品。

1. 自然资源的短缺

自然资源包括不可再生的有限资源、可再生的有限资源和无限资源。尽管空气和水原来是无限资源，但是随着工业化的发展，水和空气都遭到了严重的污染，某些地方已经出现了这些无限资源短缺的现象。污染问题已经成为当今世界的主要研究问题之一。

不可再生的有限资源是指石油、煤、天然气、矿石等。石油的使用量相当大，据专家估计，目前的石油探明储藏量仅供世界各国使用 70 年。使用石油制造产品的企业面临着成本的大幅上升，并且很难将这部分成本转移到消费者的头上。这一现状也为从事原料开采和新材料研究开发的企业带来了惊人的市场机会，资源短缺会引起资源开采成本增加，现在许多国家都在寻找能够代替石油的资源。

可再生的有限资源是如森林、粮食等资源。近 20 年，全球的森林覆盖率在迅速减少，所以要求企业对于森林等可再生的有限资源必须明智地加以利用。

2. 能源成本的增加

石油这一不可再生的有限资源，已经构成未来经济增长所遇到的最严重的问题。世界上的主要工业国都对石油有极大的依赖，在其他替代能源问世之前，石油将继续是左右世界政治与经济前景的一种力量。油价的高昂激起对替代能源的狂热研究。企业在探求太阳能、原子能、风能及其他形式能源的实用性手段。仅仅在太阳能领域，已有成百上千的企业、机构推出了产品，用于家庭供暖和其他用途。

上述内容既是物质环境造成的威胁，又是物质环境带来的新的营销机会。

（三）科技环境

科学技术是第一生产力，我国一直鼓励科技创新。作为营销环境的一部分，科技环境直接影响企业内部的生产和经营，还同时与其他环境因素相互依赖、相互作用。

新的技术革命给企业的市场营销带来了威胁，同时又创造了机会。企业面临的威胁来自两个方面：一方面是新技术的突然出现，现有的产品在技术上是旧的、过时的；另一方面，新技术改变了企业人员的价值观。企业如果不能发展新技术，被淘汰就只是时间问题了。

新的技术能够让企业生产出新的产品，改变企业的分销策略，加大销售量的同时也使企业更正确地制定价格策略，不是单纯地降价、降价、再降价。有了新的技术，生产了新的产品，企业就能在新技术的推动下快速发展，增强企业的综合竞争力。

（四）社会文化环境

市场营销学中所说的社会文化因素，一般指在一种社会形态下已经形成的信息、价值、观念、道德规范、审美观念和世代相传的风俗习惯等被社会所公认的各种行为规范。主体文化是占据支配地位的，起凝聚整个国家和民族的作用，由千百年的历史所形成的文化，包括价值观、人生观等；次级文化是在主体文化支配下所形成的文化分支，包括种族、地域等。文化对所有营销的参与者的影响是多层次、全方位、渗透性的。它不仅影响企业营销组合，而且影响消费心理、消费习惯等，这些影响多半是通过间接的、潜移默化的方式来进行的。

企业的市场营销人员应分析、研究和了解社会文化环境，针对不同的文化环境制定不同的营销策略。

1. 教育水平

教育水平是指消费者受教育的程度。一个国家、一个地区的教育水平与经济发展水平往往是一致的。不同的文化修养表现出不同的审美观，购买商品的选择原则和方式也不同。一般来讲，教育水平高的地区，消费者对商品的鉴别力强，容易接受广告宣传和接受新产品，购买的理性程度高。因此，教育水平高低影响着消费者心理、消费结构，影响着企业营销策略及销售推广方式方法的差别选择。所以企业在市场调研中，应针对消费者受教育程度的高低，来灵活制定调查内容。例如，在受教育程度较低的地区，用文字形式做广告，难以收到好效果，而用电视、广播和现场示范表演形式，更容易为人们所接受。因此，在设计产品和制定产品策略时，应考虑当地的教育水平，使产品的复杂程度、技术性能与之相适应。另外，企业的分销机构和分销人员受教育的程度，也对企业的市场营销产生一定的影响。

2. 价值观念

价值观念指人们对社会生活中各种事物的态度和看法。在不同的文化背景下，价值观念差异很大，影响着消费需求和购买行为。对于不同的价值观念，营销管理者应研究并采取不同的营销策略。一种新产品的消费，会引起社会观念的变革。而对于一些注重传统、喜欢沿袭传统消费方式的消费者，企业在制定促销策略时应把产品与目标市场的文化传统联系起来。

消费习俗是人们历代传递下来的一种消费方式，也可以说是人们在长期经济与社会活动中所形成的一种消费风俗习惯。消费习俗在饮食、服饰、居住、婚丧、节日、人情往来等方面都表现出独特的心理特征和行为方式。不同的消费习俗，具有不同的商品需要，研究消费习俗，不但有利于组织好消费用品的生产与销售，而且有利于正确、主动地引导健康的消费者的禁忌、习俗、避讳、信仰、伦理等，是企业进行市场营销的重要前提。

3. 语言文字

语言文字是人类交流的工具，它是文化的核心组成部分之一。不同国家、不同民族往往都有自己独特的语言文字，即使同一国家，也可能有多种不同的语言文字，即使语言文字相同，也可能表达和交流的方式不同。语言文字的差异对企业的营销活动是有很大重大的影响的，企业在开展市场营销，尤其是国际市场营销时，应尽量了解市场国的文化背景，掌握其语言文字的差异，使营销活动更加顺利。

4. 亚文化群

亚文化群通常是指较大的社会集团中的较小团体，他们遵循大文化传统的同时，也具有自己的独特信仰和生活方式。亚文化群是可以从多方面进行划分的，如区域、年龄、兴趣爱好等方面。

中国是一个多民族的国家，而且国土辽阔，不同民族、不同地区的人对商品和服务有着不同的要求，在各个方面都有着各自的形式和特点，这些都直接影响到需求产品和服务的构成。

三、消费者市场和非专家购买行为分析

20 世纪 80 年代，美国管理学界的畅销书《赢得优势》中讲道："企业所有的力量都应用于满足消费者，无论如何，企业的目的就是吸引和保住消费者，或者用彼得·德鲁克（Peter Drucker）的话说，就是创造和保住消费者。在确定企业的任务和企业的目的时，谁是消费者，谁是顾客是第一个重大的问题，而要成功地获得消费者和顾客，一个企业必须尽量熟悉人们需要什么，想买什么。"所以，对消费者市场和购买行为的分析自然是企业营销人员及经营者的重大任务。

消费需求具有多样性、差异性、发展性、层次性、伸缩性、可诱导性、关联性、替代性等特点。因此，消费者市场具有以下特征：①普遍性和广

泛性；②小型性；③分散性；④多变性和流动性；⑤替代性和互补性；⑥非营利性；⑦非专家性。

影响消费者购买行为的主要因素包括：文化因素、社会因素、个人因素、心理因素。

四、商业市场及专家购买行为分析

在某些方面，商业市场与消费市场类似。两个市场都有承担购买角色的人，并制定购买决策以满足需要。不过商业市场在许多方面又和消费市场有区别。

五、市场营销环境分析与对策

企业市场营销环境是变化的，具有差异性，而且是企业不可控制的。在一定时期内，经营成功的企业，一般是能够适应环境、影响环境的。企业得以生存的关键，在于它具有应对环境变化所需要的自我调节能力。营销者的主要任务是：当市场机会来临时，企业能及时捕捉并充分利用它，使之转变为对企业有利的外部条件；当环境威胁到来时，企业制订应变计划，绕过险滩，保证企业现行战略对环境的适应。

（一）威胁与机会的分析、评价

环境变化及发展趋势多种多样，但总体上，相对企业得失而言可以分为两大类：一类是环境威胁，另一类是市场营销机会。所谓环境威胁，是指环境中一种不利的发展趋势所形成的挑战，如果不采取果断的市场营销行动，这种不利趋势将伤害企业的市场地位。所谓市场营销机会，指对企业市场营销管理富有吸引力、企业拥有竞争优势的领域。

企业面临的环境，威胁和机会并存。但是，威胁程度不同，机会吸引力大小也有异。企业营销人员及最高管理层可以用"环境威胁矩阵图"和"市场机会矩阵图"来加以分析评价。通过分析评价，可以找出适当的市场机会，为企业的下一步发展打下良好的基础。

（二）企业对策

企业在面临主要威胁和最好机会时，企业营销人员和最高管理层应当如何反应和应对呢？

美国著名市场营销学者西奥多·莱维特（Theodore Levitt）曾警告企业家，要小心地评价市场机会。他说："这里可能是一种需要，但是没市场；或者这里可能是一个市场，但是没有顾客；或者这里可能是一个顾客，但目前实在不是一个市场。又如，这里对新技术培训是一个市场，但是没有那么多的顾客购买这种产品。那些不懂得这种道理的市场预测者对于某些领域（闲暇产品、住房建筑等）表面上的机会曾做出惊人的错误估计。"

西奥多·莱维特的警告告诉我们，分析市场机会一定要科学，要真正了解市场本质和内涵。评价市场质量一定要定性和定量结合，群众和专家学者相结合，慎重行事，切忌草率、主观、马虎。

企业对所面临的主要威胁有三种可能选择的对策：①对抗，即试图限制或扭转不利因素的发展；②缓解，即通过调整市场营销组合等来改善环境适应，以缓解环境威胁的严重性；③转移，即转移到其他盈利更多的行业和市场。

第三节　企业市场营销战略定位

一、市场定位的含义

市场定位，也被称为产品定位或竞争定位。产品定位是营销专家的热门话题，它是由美国的两位广告经理阿尔·里斯（Al Ries）和杰克·特劳特（Jack Trout）于1972年在《广告时代》杂志上发表的题为"定位时代"文章中提出来的。所谓产品定位是指在企业选定的目标市场上，为了适应消费者心目中某一位置而设计产品和营销组合的行为，即确立产品在市场上的形象。从根本上来讲，产品定位的目的是影响消费者心理，使消费者对企业产品形成一种特殊的偏爱。

二、市场定位的主要方法

市场定位是通过为自己的产品创立鲜明的个性，从而塑造出独特的市场形象来实现的。一项产品是多个因素的综合反映，包括性能、构造、成分、包装、形状、质量等，市场定位就是要强化或放大某些产品因素，从而形成与众不同的独特形象。产品差异化是实现市场定位的手段，但并不是市场定位的全部内容。市场定位不仅强调产品差异，而且要通过产品差异建立独特的市场形象，赢得顾客的认同。

市场定位的主要方法有以下四种。

（一）根据具体的产品特点定位

构成产品内在特色的许多因素都可以作为市场定位所依据的原则，如价格的高低、质量的优劣、规格的大小、功能的多少等。其中任何两个不同的属性变量就能组成一个坐标，从而构建起一个目标市场的平面图。

当然在实践中，企业选择以产品的价格和质量分别作为横纵坐标变量建立一个坐标来分析目标市场是非常普遍的，因为任何产品的这两个属性特点都是消费者最关心的。当然，根据不同的产品，企业也可选择消费者关心的其他属性，如限量版产品—高品质产品组合用于奢侈品消费市场。

（二）根据特定的使用场合及用途定位

为老产品找到一种新用途，是为该产品创造新的市场定位的好方法。

（三）根据顾客诉求的利益定位

根据顾客的利益诉求，强化产品在顾客中的形象。

（四）根据使用者类型定位

企业常常试图把某些产品指引给适当的使用者或者某个细分市场，以便根据该细分市场的特点建立起恰当的形象。

三、常见的市场定位战略

（一）产品差别化定位战略

产品差别化定位战略是指企业采取各种手段使自己生产的产品在包装形式、特色、性能、一致性、耐用性、可靠性、可维修性、风格和设计等方面明显优于同类企业的产品，从而在市场竞争中占据有利地位。实践证明，在某些产业特别是高新技术产业中，只要企业掌握了最尖端的技术，率先推出具有较高价值的产品创新特征，就能够发展成为一种十分有效的竞争优势。

（二）服务差别化定位战略

服务差别化定位战略是向目标市场提供与竞争者不同的优质服务的战略。当实体产品较难差异化时，要取得竞争成功的关键常常有赖于增加价值服务和改进服务质量。服务差别化主要表现在订货、交货、安装、客户培训、客户咨询、维修保养等方面。企业的竞争力越能体现在顾客服务水平上，市场差别化就越容易实现。强调服务战略并不是贬低技术质量战略的重要作用，如果产品或服务中的技术占据了价值的主要部分，则技术质量战略是很有效的，但是竞争者之间技术差别越小，这种战略作用的空间也越小。

（三）人员差别化定位战略

人员差别化定位战略是通过聘用、培训比竞争者更为优秀的人员以获取差别优势的竞争战略。企业可以通过培养训练有素的人员来获得强大的竞争优势。

（四）形象定制化定位战略

形象差别化定位战略是在与竞争对手产品核心内容趋同的情况下，企业通过塑造产品与众不同的形象以获取差别竞争优势的一种竞争战略。购买者能从公司或品牌形象方面得到一种与众不同的感觉。企业或产品想要成功地塑造形象，需要具有创造性的思维和设计，需要持续不断地利用企业所能利用的所有传播工具。

（五）竞争者定位

对于一些产品来说，最好的定位就是直接针对竞争对手进行定位，旨在将竞争对手赶出原来的位置，自己取而代之，它是一种竞争性最强的定位。这种定位战略尤其适合那些已经具有稳固的差异化优势并寻求巩固这种优势的企业。例如，许多公司在做广告宣传时，常常会强调自己产品在市场占有率、口碑等方面所体现出来的优势。

（六）并存定位

有些企业把自己的产品定位在现有竞争对手的产品附近，力争与竞争对手共同满足同一个目标市场的需求，但它并非是向竞争对手发动猛烈进攻，而是一些实力不强的企业在产品定位时，跟随现有的大型企业采取行动，力求与对手和平共处。一般而言，并存定位得以成功的基本条件是在企业意欲进入的目标市场中还存在着未被满足或未被很好地满足的需求，企业在推出自己的产品时，应注意在各方面可以与竞争产品相媲美的同时有自己的特色。

（七）根据消费者的特色定位

根据不同子市场的消费者的不同需求定位。

值得注意的是，并非所有的商品差异化都是有意义的或者是有价值的，也并非每一种差异都是一个差异化手段。企业必须谨慎选择能与其竞争对手相区别的途径，着力去宣传一些对其目标市场所能产生最大影响的差异，这样才能制定重点定位战略。

企业还可以综合运用上述策略来实现市场定位。企业及其品牌形象是多维度的，是一个多侧面的立体，所以多种策略的结合定位恰恰丰富了企业及品牌形象。需要注意的是，各种策略之间应当协调运作，不能发生矛盾。

四、市场定位的误区

企业在进行市场定位时，应避免以下三个误区。

（一）定位不足

定位不足主要是指企业的定位过于笼统模糊、缺乏清晰性。顾客对企业的产品只有模糊的了解，并不真正清楚，无法达到定位的真正效果。

（二）定位过度

定位过度是指企业的市场定位过于狭窄、缺乏完整性，这种定位使得顾客只了解企业业务范围的一部分，不利于企业的形象资源。

（三）定位混乱

定位混乱主要是企业的市场定位摇摆不定，前后缺乏关联，在沟通和传达中没有遵循一致性、持续性的原则。这种定位不利于巩固企业已有的形象。

针对以上的误区，企业在选择定位策略时可以遵循营销学家总结的以下"七原则"。

（1）重要性原则：能保证向相当数量的顾客让渡较高的价值和利益。

（2）明晰性原则：以突出、清晰的方式向顾客表达企业定位。

（3）优越性原则：企业的产品定位让顾客觉得明显优于通过其他途径而获得的利益。

（4）可沟通性原则：企业的市场定位是易于表达和沟通的。

（5）可接近性原则：顾客是有能力购买的，不是凭空想象的。

（6）难以替代性原则：相对于其他的产品，企业的市场定位让顾客觉得是不可取代的。

（7）可营利性原则：对于企业来说，这样的定位对企业是有利可图的。

五、定位的程序

企业要实施正确、有效的定位，可以遵循以下步骤：确定定位对象、识别重要属性、绘制定位图、评估与选择定位、执行定位。

（一）确定定位对象

确定定位对象，就是要明确给什么定位，是给产品、品牌定位，还是给企业或组织定位。

生产制造商侧重于为产品或品牌定位，而服务性质的企业（如宾馆、饭店和商店等）则侧重于为企业定位。

生产制造商在促销商品时，更重视的是为产品或品牌定位，而在树立企业形象时，则更重视为企业定位。

（二）识别重要属性

识别重要属性，就是要弄清楚产品、品牌或企业的哪些属性会影响消费者或用户对产品、品牌或企业的形象认知，使一个特定的产品、品牌或企业明显区别于竞争者。企业用于定位的属性，必须是目标市场上的消费者或用户比较看重的因素，否则市场定位的作用将大打折扣。

（三）绘制定位图

在确定了重要的属性之后，就要绘制定位图，并在定位图上标示出本企业（产品或品牌）及竞争者（竞争产品或品牌）所处的位置。在使用两个变量定位时，可以使用平面图。

如果存在多个重要属性，既可以通过统计程序将之简化为能代表顾客选择偏好的最主要的两个变量，也可以用雷达图表示多个属性，还可以用变通的多向定位图来描述多个属性。

选取多少个属性绘制定位图，并没有一个统一的标准，以适应企业的需要为好。但是一般不易过多。过多往往意味着企业的市场调研不够深入，没有把消费者或用户最看重的属性找出来。

（四）评估与选择定位

根据重要属性绘制出定位图以后，企业就对自己的市场地位有了一个相对客观的了解。接下来，企业就要针对自己的市场地位做出评估，看看自己的市场地位与目标市场需求之间有没有差距、有多大的差距、原因是什么，自己在某一个细分市场上有没有竞争优势、有多大的竞争优势，或者有没有可能获得竞争优势。在此基础上，为企业选择定位战略。

（五）执行定位

定位最终需要通过各种营销和沟通手段，如产品、价格、营销渠道、广告、员工的着装、行为举止、服务的态度等传递出去，并为顾客所认同。在实践中，企业期望的定位经常与实际传递的定位不一致。这往往是营销战略和营销战术整合不足造成的。成功的定位需要企业整合一切可以控制的手段，协调一致，共同努力，才能达到。

市场定位，就是要使本企业与其他企业在产品、品牌或形象上有明显的区别，使消费者或用户明显地感觉和认识到差别的存在。定位差异化的工具很多，只要是有助于企业与竞争者相区别的属性或要素，企业在市场定位时都可以考虑。从市场营销的角度看，主要是产品、价格、分销和促销四大要素。如上所述，这四大要素在定位时所起的作用很大程度上是沟通，即它们是沟通的媒体，企业通过它们来体现定位。

第四节　企业市场营销客户分析

一、消费者购买行为的概念

消费者行为是指消费者为获取、使用、处置消费商品或服务所采取的各种行动，包括选用和决定这些行动的决策过程，营销者研究消费者行为是为了与消费者建立和发展长期的交换关系。因此，不仅需要了解消费者在获取产品和服务之前搜寻信息、评价、选择和实际购买的行动，还要重视消费者在获取商品后的使用、保养、维修、处置等活动。

消费者行为是复杂多样的，即使是具有相同需求的消费者，他们的购买行为也会有所不同，众多的消费者在需求、消费偏好、商品选购等方面更是有众多不同。有习惯型、理智型、经济型、疑虑型购买，也有模仿型、情感型、冲动型购买。

消费者行为是可以认知的。虽然消费者行为具有多样性，但终归要受需要、欲望和需求的支配，因而通过对消费者的调查研究，运用消费者行为学理论体系，最终能够从生理、心理、社会、文化等方面找到答案。

消费者行为是可以影响和引导的。营销者可以控制营销组合中的变量来影响消费者的欲望和需求，使消费者能够购买到称心如意的商品，企业也能够有效地实现其目标。

消费者购买决策过程在许多情况下并不是仅有一个参与者，或者说购买决策在许多情况下并不是一个人独自做出的，还有其他人参与进来。消费者购买决策过程是一个群体决策的过程。

宏观层面的顾客和微观层面的顾客在购买决策中扮演着不同的角色。宏观层面的顾客，如购买企业产品的分销商和零售商，他们也出售、交付、储存或维修护理产品，政府、标准定制机构和咨询公司等顾客可能会影响其他宏观层面的顾客去购买企业的产品。

二、购买行为类型

（一）复杂的购买行为

当消费者高度介入且认为品牌间存在显著差异时，将采取复杂的购买行为。在购买价格高、有风险、难得购买且高度自我表现的产品时，消费者可能高度介入，尤其是当消费者对此类产品不太熟悉的时候。

（二）降低失调感的购买行为

降低失调感的购买行为发生在消费者高度介入购买，所购产品价格昂贵、低频率、有风险，但品牌间差异并不大时。例如，购买地毯可能是一个高介入决策，因为地毯价格昂贵并且表现自我。然而，购买者可能认为一定价格范围内不同品牌的地毯大同小异。因此，购买者可能在货比三家之后，会因为品牌间差异不大而快速地做出购买决策。

（三）习惯性的购买行为

许多产品是在消费者低度介入和厂牌没有什么差异的情况下被购买的。在此情形下，消费者行为并不经过信念—态度—行为的正常顺序。消费者并未深入地寻找与该厂牌有关的信息，并评估其特性，以及对应该买哪一种厂牌做最后的决定，他们只是被动地接受电视或印刷广告所传递的信息。广告的重复只造成他们对厂牌的熟悉而非被厂牌所说服。也就是说，消费者选择某种产品并非是由于他对它持有什么态度，而只是熟悉程度。对于低度介入且厂牌差异极小的产品而言，营销者发现利用价格与销售促进作为产品试用的诱因是一种很有效的方法，因为购买者并未对任何厂牌有高度的承诺。在为低度介入产品做广告时，我们必须注意许多问题，如广告词只能强调少数几个重要的论点，视觉符号与形象也很重要，因为他们很容易被记住并易与厂牌联系起来。广告的信息应简短有力且不断地重复。电视比其他媒体有效，因为它是低度介入的媒体，容易引起他人的模仿。广告规划应以古典控制理论为根据，这种理论认为，通过不断重复代表某产品的符号，购买者就能从众多的同类产品中认出该种产品。

市场营销者也可尝试将低度介入产品转换成某种较高度介入的产品，如将某些相关论点与产品联系起来，或者可能引出与个人价值观或自我防卫相关的强烈情绪的广告来吸引消费者，或者可在一种不重要的产品中加入一个重要的特性。

（四）多样性购买行为

不同品牌的商品之间差异很大，消费者却是低度介入，这类行为称作多样性购买行为或选择性购买行为。低度介入意味着消费者主观上并不愿意去过多收集信息，评价对比也较少，即使是不同品牌的差异很大，或者是因为商品单价低而不值得花精力去深究。

三、消费者行为模式

（一）消费者行为的三因素论

基于早期两因素论模型发展出了三因素论。早期对消费者行为产生影响的因素被分为消费者内部因素和外部因素，"营销"所涉及的因素虽然也是外部因素，但其性质与环境因素却是相去甚远，所以被单独分离出来。

（二）消费者行为的刺激反应模式

消费者行为被看作刺激与反应的过程。借用黑箱理论，科特勒提出了刺激反应模式。处在中间的单元作为一个消费者，被看作一个黑箱。营销刺激和外部环境的刺激作用于消费者的意识，使消费者的内在因素产生某种共鸣，消费者经历一个购买决策的过程，做出了购买特定商品的决定。营销者的任务是要了解在外部刺激和购买者决策之间，购买者的意识会发生什么样的变化。科特勒认为，购买者的特征包括文化、社会、个人、心理这四个层面的因素，或者说影响消费者行为的因素可以归纳为四大类。

（三）霍金斯消费者行为总体模型

D. I. 霍金斯(D. I. Hawkins)在消费者行为研究领域有着非常重要的影响，在其著作《消费者行为学》中他提出了消费者行为的总体模型。他认为，消费者在内部因素和外部因素的影响下，形成自我概念和生活方式，消费者的自我概念和生活方式进一步引发具有一致性的需要和欲望。通过消费行为最终满足这些需要和欲望。反过来，这些消费行为会进一步对以后的消费心理和消费行为产生作用，再对自我概念和生活方式进行调整。

第四章　企业市场营销管理体系创新框架

第一节　创新力与控制力的动态统一

一、创新力 —— 企业发展壮大的前提

（一）创新力的内涵

对"创新"一词的含义，约瑟夫·熊彼特（Joseph Schumpeter，以下简称"熊彼特"）在其代表作《经济发展理论》一书中是这样解释的：所谓创新，就是"建立一种新的生产函数"，即把一种从来没有过的关于生产要素和生产条件的新组合引入生产体系。熊彼特认为，创新、新组合包括五种情况：①引进新产品；②引进新技术，即新的生产方法；③开辟新市场；④控制原材料的新供应来源；⑤实现企业的新组织。其后的美国管理学家彼得·德鲁克在其《创新与企业家精神》中对创新做出进一步阐释："创新是大胆开拓的具体手段。创新的行动就是赋予资源以创造财富的新能力。事实上，创新创造出新资源……凡是能改变已有资源的财富创新潜力的行为，就是创新。"

因此，从熊彼特和彼得·德鲁克的观点延伸，所谓"创新力"就是指企业在面对市场竞争压力和市场机会时，实际表现出来的适时地对内外经营要素进行重新组合以产生驱动企业获得更多的与其他竞争企业的差异性的能力，这种差异性最终表现为企业在市场上所能获得的竞争优势。这一概念包含以下三层含义：①创新力是实际表现出来的能力。这是因为有的企业虽然具有很强的潜在的创新能力，但是这种能力由于种种原因可能并没有完全表现出来，没有表现出来的能力对创新活动和企业发展是没有意义的。②创新的实现形式是经营要素的重新组合，这与熊彼特创新的概念是一致的。③创

新力是一种增加企业竞争优势的能力。如果创新活动没有实现企业竞争优势的增加，那么该创新活动就是失败的，就不能称之为创新，只能称之为创新活动，因此这种创新活动也就不会表现为创新力。

（二）创新力是企业发展壮大的前提

企业创新过程包含着企业在不同方面的变革，这些变革必然要对纳入其内部的要素资源如财务资本、技术、人力资源和原材料等按一定的组合方式进行有效配置，从而形成一定的资源配置整合能力，因此企业创新力总是企业内部整合力的源泉。同时，企业创新的内容及由此带来的内部整合力的变化要最终转化为企业产品或服务的实际竞争力，才称得上创新与创新的成功。因此，企业创新力也是企业竞争力的源泉。无论是从企业要素资源的结构变革条件来看，即从企业要素资源量的扩大和质的提高来看，还是从企业三种基本竞争战略（成本领先、差异化、目标集聚）的运用条件来看，企业内部整合能力和企业外在竞争能力的提高都体现了对企业创新力的依赖。

企业通过诸如制度创新、技术创新、产品创新、组织创新、管理创新和市场创新等各个方面的创新活动，使企业内部资源要素重新配置，形成较以前更强的生产能力和营销能力，这就形成了企业在质的方面提高。在这一过程中，企业不仅向外界输送产品或服务，而且由于企业作为资本载体、资本增值的内在驱动力和企业所处的市场竞争外在压力，企业必然要将外界要素资源纳入企业内部进行重新配置，形成更强的资源整合能力和市场竞争能力。这样就打破了企业原有的产权边界，使企业的规模扩大，从而产生了企业在量的方面增长。因此，企业成长的过程首先是企业不同方面创新的互动过程，是企业在市场竞争中优胜劣汰的过程，是优势企业不断扩张、资源不断向优势企业集中的过程。可以说，企业创新力推动着企业成长的实现，是企业成长的前提。如果没有企业内部创新力的支撑，企业是不可能实现成长和壮大的。

从世界企业发展史上看，企业创新力推动企业成长是普遍规律。世界上许多具有几十年乃至上百年历史的大企业的长期成长过程中，无一不交织着企业的技术创新、产品创新、组织创新和市场创新。这些大企业就是在全面创新的推动下逐步发展而来的。在世界企业发展史中，同样存在着数不清的因企业创新滞后、企业创新力缺乏而遭受挫折、遭受失败的企业个案，这也恰恰从反面证明了企业创新力对于企业生存和企业成长的根本作用。没有企业创新力，就不会有企业生命的持续。因此可以说，企业创新力是企业生命力的源泉，是决定企业生命周期长短的核心所在。

二、控制力 —— 企业生命健康的保障

对于许多企业而言，亏损乃致破产是常见的现象，甚至对当今居于世界500强的大企业而言，每一家的成长史都不是一帆风顺的，它们几乎都经受过挫折。这实际上就涉及了企业成长过程中的另一个关键问题 —— 企业的控制力。

（一）控制力的内涵

所谓控制力，是指在国际惯例、国家法律法规、社会伦理、道德和文化的规范之下，企业根据市场经济运行规律，对企业的战略规划和运营自觉地进行调整，对企业自身行为自觉地进行约束，使其经营活动不超过自身的能力范围，并降低经营风险，最终获得相对于竞争对手更多的成本优势的能力。

企业控制力实质上是一种结构力，是影响企业生存与发展的各种因素之间的关系的一种结构化安排。具有较强控制力的结构化安排必须符合下列要求。

①体现各相关因素的权重。例如，顾客、竞争者和供应商、股东、经理、员工对企业的影响较之其他因素要大得多，因而他们应具有较大的权重。

②具有一定的弹性。尽管各个相关因素在某个时刻具有最佳的结构位置，但企业是动态变化的，各相关因素的结构位置应有一个浮动的范围，使企业实现动态性稳定。

③具有一定的强度。具有足够强度的结构在企业的某个关系断裂时，结构的其他部分仍能支撑整个企业基本正常运转，这为企业修复断裂的关系提

供缓冲期。例如，对于控制力强的企业，当遭遇媒体突然的负面报道时，顾客只是处于将信将疑状态，不会马上中止交易，企业员工仍然尽职尽责，不会"闻风而逃"，这使企业能赢得处理危机所需要的宝贵时间。

（二）企业控制力系统及控制力的提升

企业控制力系统是各种控制手段的集合，必须具有五个基本性质：①充分性，即所包含的控制手段对于企业的目标来说是足够的；②经济性，即所有的控制手段都是必要的，没有多余；③相容性，即各种控制手段不能相互制约，而是相互协同；④可靠性，即确保实现预期目标，而不会实现预期以外的目标，比如公司治理结构的安排是为了形成一种富于活力的制衡机制，如果实际情形是形成了独裁型统治，就偏离了预期目标，因而是不可靠的；⑤动态稳定性，即变化有度、变化有序、逻辑统一。

随着市场环境和企业的变迁，企业的控制手段有增有减，内核也要调整。企业的控制力与对控制手段的运用技巧有关。例如，制度控制比亲情关系控制更为可靠，文化与制度结合的控制比单纯的制度控制要有效。在人力资本地位上升、消费者获得主权的时代，企业控制应是物质控制、制度控制、信息控制、文化控制、感情控制、声誉控制、学习控制和知识控制等的综合。

（三）控制力是企业生命健康的保障

对于任何企业而言，由于受到企业对外部环境的非可控性、企业掌握信息的非充分性、企业与市场关系的变动性、企业内部资源的互动性及企业动态性等企业内外部因素的影响，企业总是和风险相伴而生的。如何采取有效的对策控制企业的经营行为、降低经营风险，是每个企业必须认真考虑的问题。企业的成长既是一种企业内部资源的重组行为，更是一种企业调整与外部关系的行为，这就增加了企业内部行为及企业与外部关系的不确定性，从而使企业原来所面临的风险进一步强化。

（1）从企业内部的变化来看，企业成长过程总是意味着将更多的外部要素资源纳入本企业边界之内，这绝不是简单的相加，而是新资源和原有资源的重组和整合，而这就必然带来企业内部要素资源结构的变化。由于企业扩张带来企业组织规模的扩大、扩张过程中组织成本的增加、管理跨度增大、组织难度加大，企业内部要素资源结构的变化方向不确定性增强，从而增加了企业的经营风险。

（2）从企业成长的方向来看，无论是企业通过扩张扩大了原来的业务规模，还是通过扩张进入新的业务领域或新的地区（比如跨国兼并、跨地区兼并），都会产生对原有的管理水平、经营能力等方面的企业能力和扩展了的经营规模、业务领域之间的适应问题，这一问题会对企业的可控性和稳定性产生影响，从而增加企业扩张结果的不确定性，增加了企业扩张的风险。

（3）从企业成长带来的企业与外部的关系变化来看，企业成长总是意味着企业规模的扩大和市场份额的扩大，也总是意味着企业和市场中的其他企业，尤其是竞争对手和消费者的关系格局的变化，前者往往带来更加激烈的竞争，后者则带来与消费者关系的进一步复杂化，这两个方面都会增加企业协调与市场关系的难度，增加了企业与市场关系的不确定性，增加了风险。

企业的成长的过程，就是不断整合配置内部资源，或将外部资源纳入企业内部重新整合配置的过程。因此，企业的健康成长除了企业必须具有各个方面的创新力，还必须依靠企业内部有效的控制力。如果企业成长过程中失去了应有的控制，超出了企业力所能及的范围，那么纳入企业内部的资源就不能得到有效的配置，甚至成为企业的累赘，就会增大企业的经营风险，甚至给企业带来灾难性的后果。因此，控制力是有效解释一些企业开展创新活动之后为什么仍然失败，以及判断企业增长是否为过快增长的关键性概念。

三、创新力与控制力的动态统一

彭星闾教授认为，任何企业的健康成长都必须坚持创新力与控制力的动态统一。许多企业生命周期短暂，其根源就在于创新力与控制力的失衡：要么企业创新力不足，从而失去了进一步发展的后劲和动力，在市场上则表现为产品失去了竞争优势；要么企业控制力缺失，企业发展缺乏应有的约束，不顾自身实力盲目扩张，最终带来灾难性的后果。

用一个简单的示意图来进一步说明（图 4-1）。

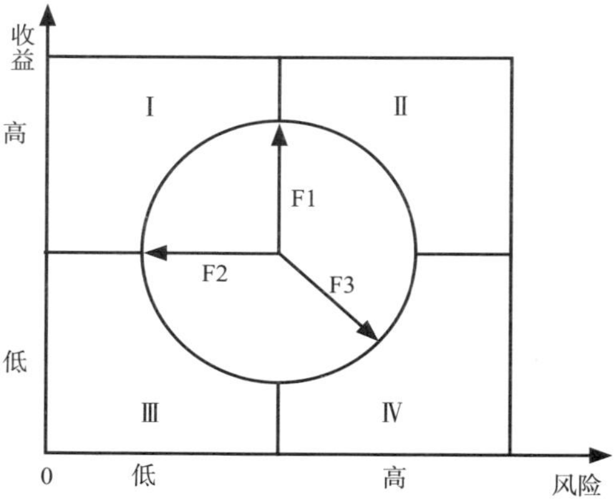

图 4-1　企业控制力与创新力示意图

图中，横坐标表示风险，纵坐标表示收益，圆表示企业，F1 表示企业创新力，F2 表示企业控制力，F3 表示企业发展所受的阻力（市场竞争、资金、技术、制度、人才等方面的约束），Ⅰ区域表示高收益／低风险，Ⅱ区域表示高收益／高风险，Ⅲ区域表示低收益／低风险，Ⅳ区域表示低收益／高风险。

如果企业具有很强的创新力和控制力（两力统一），F1 与 F2 合力的结果将使企业克服发展阻力 F3，进入高收益／低风险的Ⅰ区域，企业具有很强的市场竞争优势，就会保持持续快速健康的良好发展态势；如果企业具有较强的创新力而控制力很弱（或者根本没有控制力），F1 与 F3 合力的结果会使企业进入高收益／高风险的Ⅱ区域，企业市场竞争力较强，发展也会比较迅速，但潜在危机较大，企业很可能出现"猝死"的情况；如果企业具有较强的控制力而创新力不足或缺失，F2 与 F3 合力的结果会使企业进入低收益／低风险的Ⅲ区域，企业所面临的经营风险虽然小，但没有发展的后劲和潜力，市场竞争力并不强，企业会因"慢性失血"而渐渐萎缩死亡；如果企业既缺乏创新力又缺乏控制力，那么发展阻力 F3 就会将企业带入低收益／高风险的Ⅳ区域，企业市场竞争力弱化，而经营风险很高，企业生命随时可能终结（这是我国许多民营企业"夭折"的主要原因）。

综上所述，企业成长过程既是指企业规模的扩大，也是指企业素质的提高，这两个方面相互依赖、互为条件、相互作用、相互促进，共同构成了真正意义上的企业可持续发展。企业成长一方面表现为企业规模的扩大，反映了企业在量上的积累和增加，如资产额、销售额、市场价值、利润额、企业职工人数、企业生产能力增加等。但仅仅是企业规模的扩大并不必然反映企业在质的方面的改善和提高。如果企业不能在技术装备水平、技术开发能力、员工素质及能力、企业领导人素质及结构、产品竞争力及整个企业竞争力等方面有所提高和改善，那么企业规模的扩大是缺乏内在支撑基础的。其结果往往是规模越大，问题越多，最终很难不走向失败。从许多企业成长过程来看，企业健康成长又同时表现为企业创新力与控制力相统一的同方向增强的动态过程。创新力是企业竞争实力的根本源泉，是企业成长的基本推动力，没有了创新力，企业就失去了生命力之源，就会停止成长甚至衰退死亡；控制力是企业生命健康的有效保障，失去了控制力，企业行为就没有相应的约束，企业发展就会迷失正确的方向，恣意妄为，其结果必然是灾难性的。因此，从企业成长的理论逻辑和实践经验上看，企业在创新力与控制力上的不断提升和统一才真正构成了企业的核心竞争力。企业长盛不衰的根源就在于企业创新力与控制力的动态统一，创新力与控制力的失衡则是企业由盛而衰乃至丧失生命力的"病根"。企业创新力方面的提高和增强，要求企业在控制力方面有所改善和提高，而企业控制力方面的改善和提高又为企业创新力方面的进一步提高和增强奠定了坚实的基础和条件，两者之间的关系是辩证的、动态的统一。

第二节　企业价值创造能力体系

一、企业价值创造能力体系 —— 塑造优秀企业文化

在顾客价值创造过程中，企业应该充分利用内部资源和外部资源，这是企业实现顾客价值的根本途径。对于内部资源的利用，主要应该体现在企业的核心能力上，这一核心能力就是企业所具有的创新力与控制力。企业应主

要从四个方面来创建自己的核心能力，即企业文化理念的塑造、企业的技术创新、企业的内部流程再造和企业的组织结构管理制度的有效构建。而优秀企业文化的塑造是首先应该关注的问题。

（一）企业文化的内涵

企业文化是 20 世纪 80 年代以来中西方学者探讨较多的一个问题，优秀的企业文化已经被许多企业视为培养和发展企业的核心能力和竞争优势的思想和力量源泉。西方学者和企业家普遍认为，企业文化是指在一个组织内，在长期的生产经营中形成的特定的文化观念、价值规范、道德规范、礼仪风俗、传统习惯及与此相联系的生产观念。而企业正是依赖这些文化来组织内部的各种力量，将其统一于共同的指导思想和经营哲学之下。

企业文化是指在一定的社会经济条件下通过社会实践所形成的并为全体成员遵循的共同意识、价值观念、职业道德、行为规范和准则的总和，是一个企业或一个组织在自身发展过程中形成的以价值为核心的独特的文化管理模式。其中价值观念是企业文化的核心。

1. 企业文化是一种以人为中心的企业管理理论

企业文化是一种重视人、以人为中心的企业管理理论，它强调要把企业建设成为一个人人具有使命感和责任感的命运共同体。以往的管理理论大都以物为中心，以生产和利润为中心，见物不见人，人仅仅成为生产和利润的工具与手段。企业文化理论强调人是管理的中心，在管理实践中贯彻尊重人、理解人、关心人、信任人的原则，重视对人的激励、培训、考核、作用和晋升，重视开发人的精神素质，使人得到全面的发展。

2. 企业文化强调了管理中的软要素

在企业发展过程中，企业管理人员尤其是最高管理层不仅要重视如何安排和配置企业的资金、技术、设备和组织结构等硬件要素，更需要重视如何运用和发挥企业中的非经济要素，即软件要素，如企业价值、企业精神、企业传统和企业风气的作用。与硬件要素相比，软件要素对企业的生存和发展更具有决定意义。

3. 企业文化的核心要素是共同价值观

企业文化的核心要素是共同价值观，也就是一个企业的基本信念和信仰。企业文化理论强调塑造企业员工普遍认同的价值观，创造和谐一致、积极向上的文化氛围，发挥企业的整体文化优势。它所重视的人，不仅仅是个人，而是由个人所组成的群体；所要研究的不仅仅是如何满足不同个体的需要，而是如何塑造整个企业的价值观；其目的不仅是单个个体的自我实现，而是要使企业这个人格化的组织在激烈多变的竞争环境中发展壮大。

4. 企业是一个由文化决定的文化组织

企业作为一个营利性的组织，不仅是一种经济存在，而且是一种文化存在，是一个由文化决定的文化组织。企业对于现代员工来讲，已经不仅仅是一个求生场所，而往往是对其一生都产生重要影响的社会组织。现代员工的一生大部分时间都生活在企业里，企业往往决定了一个员工的生活水平、社会地位、社交圈子、生活趣味、思想方式、生活信念等，企业可以说塑造了整个人。企业管理必须从以前的以生产为中心的管理过渡到以文化为中心的管理。企业不仅要给员工求生的场所，而且要使员工满足文化上的社会归属的需要。企业应该建立反映自己特色的文化，使企业采取文化管理这种新的管理方式，这是一种新的管理典范，它的魅力就在于它能通过"文化"方式为管理理论与管理实践中长期未能很好解决的问题提供新的出路和美妙的前景。

（二）新经济背景下企业文化的变革

在工业经济社会中，企业的组织结构是科层制，企业文化的功能一般被定位在企业制度和层级结构不能触及的地方发挥作用，即用来调节不同成员在企业活动中的非正式关系。而在以信息和网络化为特点的新经济条件下，企业一个非常重要的变革是企业组织的网络化。网络化是指组织基于各种先进的信息技术而形成的快捷、广泛的联络结构、信息技术的发展和信息系统在企业的建立。企业组织的网络化，将从根本上变革传统企业的企业文化体系。

第一，形成以企业文化为中心的管理机制。在层级结构中，管理中枢利用严格的等级制度统一指挥和控制着整个企业的活动；在实行分权化管理的网络化层级结构中，各工作单元也是决策中心。管理中枢主要通过信息的提供会影响、引导和协调这些单元的决策及决策的组织实施。网络型组织的有效性取决于它的自组织、自协调能力，而这种协同性能力正是来源于组织的文化。彼得·德鲁克把网络化组织比喻成一个交响乐团，在这个"交响乐团"中，只有一个最高指挥，构成组织的成员是大量的各类专家，他们依照自己的"乐章"工作，而"指挥"与"乐手"，"乐手"与"乐手"之间的"指令""交流"就是电子脉冲和网络。在这种情况下，用被企业员工广泛认同的价值观和行为准则这些无形的文化因子，就构成了一个无形的"电磁场"，成为组织中一种无形的组织和协调力量，从而使组织的各个成员的行动能围绕组织目标有序地进行。因此，企业文化将成为保证和促进网络化层级结构条件下企业组织活动一体化的黏合剂。

第二，形成以人为中心的管理体系和以人为本的企业价值观。网络化组织中，管理的重心从群体转移到以电子信箱形式存在于网络上的个体身上，领导的任务相应地变成了协助每个员工实现个人和组织目标的教练、导师及资源协调人。管理的境界在于创造一种促进员工不断学习的组织氛围，形成组织不断创新的核心能力，因此与等级明确的层级结构不同，网络化层级结构不可能要求企业以整齐划一的方式行事，具有决策权的自主工作单元必然会在企业经营中表现出各具特色的个性化行为方式，员工创造性和个性的发挥也就成了新企业生存和竞争的核心动力。与此同时，个性化需求的满足也使得企业不能像传统方式那样，以单一的规则和一致性的标准去约束自主工作单元的行为。

第三，作为人们自觉行为结果的企业文化，不仅是记忆型的，而且是学习型的，或者更准确地说，主要不是记忆型的，而是学习型的。传统工业社会的企业文化体现的主要是企业的"组织记忆"，这种记忆记录了企业过去成功的经验。假使环境参数不发生重要变化，人们依据昨天的经验和惯例还可以应对未来的变化。然而，知识经济条件下的市场环境是急剧变化的，过去成功的经验在今天崭新的现实面前往往显得无力。知识经济条件下的企业在客观上需要行为准则和行为方式的不断创新。这种创新要求企业文化必须是学习型的。实际上，在知识经济条件下，人们也没有足够的时间去等待组织记忆的形成。在管理中枢的倡导和推动下，人们必须迅速学习新的行为准则和行为方式。因此，网络化层级结构中的企业文化，首先是自觉学习的结果。网络化的层级结构本身也将有利于组织文化的学习，各工作单元与外界的广泛接触将会使组织不断学习和获得新知，而组织内纵横交错的沟通网络则会使各单元获得的知识与经验在组织内迅速传播。知识的迅速获得与经验的迅速交流，将促进网络化层级组织不断创新并推广新的行为准则和行为方式。

第四，网络的应用，对企业文化的创新提出了新的要求。在人、机、技术构成的系统中，人的态度、价值观对系统效能的发挥有非常重要的影响。因此，在管理中要根据网络化组织的特点，创建有利于员工积极性发挥、有利于资源共享的企业文化氛围，形成与网络化组织和管理相适应的价值观。

网络化组织的形式各式各样，但至少在以下价值观方面它们是一致认同的：快速的行动能力；高超的管理和执行能力；跨地域、跨文化的团体合作与协调意识；强烈的创新冲动和持续的变革意识；乐于竞争与和谐发展相统一的战略意识。

（三）塑造优秀的企业文化

塑造优秀的企业文化和树立正确营销哲学在本质上是一致的，其核心可以总结为"企业三人"的思想，即企业是人——企业和人一样，其个体理性和能力是有限的，不能无所不为；企业靠人——企业的发展壮大必须依靠全体员工的团结协作，共同努力；企业为人——企业是社会群体中的一员，应该遵循社会价值公理，承担社会责任。在实际中，企业文化的塑造要受到企业所处的经济环境、社会文化背景、具体产业特点及企业的性质、经营范围和规模、企业的历史渊源甚至企业领导人的风格等因素的影响，因此不同企业的企业文化必然而且应该是各具特色的，其形成和发展过程也各不相同。

但结合新的经济环境，并从营销理论创新的角度上考虑，企业在塑造企业文化过程中有几点是应该注意的。

1. 树立 4R 经营理念

4R 理念既是营销哲学的最新进展，也应该成为新经济条件下企业文化的核心内容之一。企业要在顾客和利益相关者之间树立起 relevancy（关联）、relation（关系）、response（反应）和 return（回报）的经营理念，应清楚地认识到企业是整个社会大系统中不可分割的一部分，企业与顾客及其他的利益相关者之间是一种互相依存、互相支持、互惠互利的互动关系，企业的经营活动应该是以人类生活水平的提高、以整个社会的发展和进步为目的，企业利润的获得只是结果而不是目的，更不是唯一目的，企业应与顾客及其他利益相关者应建立起事业和命运共同体，建立、巩固和发展长期的合作协调关系。

2. 形成创新型企业文化

创新型企业文化的主要特征表现在，它特别强调企业家及全体员工的创新精神，强调企业战略的长期性、动态性，强调产品结构、生产结构与组织结构的灵活性与创造性。创新型企业文化是企业由经营导向发展到竞争导向和市场导向的必然要求，是新经济环境中企业理念的必然转变，它的形成要以企业家的创新精神为内核，并培养起以科技、竞争、创新为主的价值观体系，使企业的目标、战略、生产类型和组织结构相互匹配，从而适应企业文化的核心体系和价值观的需要。

3. 企业文化要适应新战略发展的要求

"协作竞争、结盟取胜、双赢模式"是一种适应新经济需要的网络型的战略，它是企业界组织制度和经营机制的一种创新。一般来说，各个企业都有各自的文化特征，创业历史、发展目标、经营理念、所处环境、队伍素质等各有不同，所形成的企业文化也必然各具特色、互有差异。如果没有企业文化的融合，就会出现"貌合神离，形连心不连"现象。所以，只有做到取长补短、扬优避劣、达成共识，形成"结盟取胜、双赢模式"型的企业文化，企业才更具生命力、凝聚力和竞争力，企业联盟才能稳固和发展。要做到这一点，必须注意以下两个方面：首先，要遵循从实际出发的原则，根据联合兼并企业的不同情况区别对待；其次，双方都应注意克服排斥对方的自大心理，加强相互的了解与交流，吸纳对方文化的精华，发展成为经过融合后更为优秀的企业文化。

4.注意学习范围的培养

20世纪末最成功的企业是学习型组织，它不仅仅业绩最佳、竞争力最强、生命力最强、最具活力，更重要的是使人们在学习的过程中，逐渐在心灵上受到潜移默化的影响，升华生命的意义。随着知识经济的到来，企业组织形式向扁平化的灵活方向发展，随着其管理的核心转向发挥人的主观能动性，实现从线性思维到系统思维和创造性思维的转变，对个人及企业的知识水平提出了更高的要求。彼得·圣吉（Peter Senge）在《第五项修炼：学习型组织的艺术实践》中强调"系统思维和创造性思维根源于知识及知识的灵活运用和潜能及智慧的开发"。可见，学习对组织的持续发展至关重要。新经济环境下最成功的企业必然是学习型组织，学习型组织在企业文化建设中将进一步受到关注。但是要注意学习过程中的个人和团体的搭配问题，搭配的状况不同就会对企业产生不同的结果：个人及团体都不断学习且搭配良好，会产生强大的发展动力，从而推动企业的迅猛发展；个人及团体都不断学习但是搭配不好，"个性"太强，反而不利于企业的发展。

5.与生态文化有机的结合

生态文化是一种新型的管理理论，它包括生态环境、生态伦理和生态道德，是人对解决人与自然关系问题的思想观点和心理的总和。生态文化属于生态科学，主要研究人与自然的关系，体现的是生态精神。而企业文化则属于管理科学，主要研究人与人的关系，体现的是人文精神，但是本质上二者都属于一种发展观，运用系统观点和系统思维方法，从整体出发进行研究；都强调科学精神，即实事求是，努力认真地探索；从狭义角度来看，都是观念形态文化、心理文化，而且都以文化为引导手段，以持续发展为目标。并且企业文化发展的诸多方面，需要以生态文化来与之相结合。原因有三点：第一，大部分企业在企业文化建设过程中，重视了人的价值，却忽视了对周边环境的影响，为环境的恶化及末端治理付出了沉重的代价。第二，现代消费群更青睐绿色产品，企业也想通过"绿色浪潮"提高产品的生态含量。第三，企业要实现可持续发展，"生态化"是其必由之路，生态文化融入企业文化后不仅可扩大企业文化的外延，而且有利于企业树立良好形象。

6.注重企业精神与企业价值观的人格化

价值观是企业文化的核心。企业要努力培育"生死与共"的价值观，使企业全体员工增强主人翁意识，能与企业同呼吸、同成长、同发展，做到企业精神与企业价值观的人格化，实现"人企合一"。

二、企业价值创造能力体系 —— 技术创新

企业的竞争力最终取决于产品在市场上的表现，即满足顾客需求和令顾客满意的程度。而技术是产品竞争力的核心支撑。优秀的公司均是核心技术在同业领先的公司。因此，技术创新是企业竞争优势的核心来源。

（一）技术创新的内涵及特点

企业技术创新是指企业为了满足顾客不断变化的需求，提高企业竞争优势而从事的以产品及其生产经营过程为中心的包括构思、开发、商业化等环节的一系列创新活动，有产品创新和过程创新。产品创新是指技术上有变化的产品商业化。过程创新也叫工艺创新，是指一种产品的生产技术的重大变革，是产品创新的支撑。

技术创新的意义在于生产和再生产过程中投入 —— 产出关系的改善，即投入 —— 产出效益的提高；换言之，用创新的技术投入替代稀缺资源，以低成本和高速度满足顾客价值需求，实现企业的目标。美国管理学家罗伯特·托马斯（Robert Thomas，以下简称"托马斯"）曾经指出，企业开发新产品具有重要的战略意义，主要反映在以下 6 个方面：①新产品可以提高其在市场上的竞争优势；②成功的新产品有利于提高企业形象；③新产品能够为企业提供收益；④新产品开发可以调动企业的生产和经营资源；⑤持续的

新产品开发能够提高品牌价值；⑥新产品可以成为竞争优势的源泉。托马斯认为，企业为在竞争环境中建立竞争优势，就要把不断地推出新产品作为实现其目标的一个极为重要的手段。

作为培育企业核心能力主要活动的技术创新具有不确定性、时滞性、复杂性、累积性等特征，认识这些特征是进行技术创新的必要准备。

1. 不确定性

从本质上讲，技术创新涉及探索、发现、开发有形产品及其生产工艺的未知领域。探索的结果在研究与实验活动本身开展以前几乎不可能被准确地探知，创新者仅仅依靠对经济机会和尚未利用的技术机会的直觉来进行创新活动。因此，与成熟产品的生产相比，技术创新在研究开发、试生产和产品走向市场的过程中具有很高的不确定性。在研究开发过程中，一种新方案往往要经过成百上千次的试验、探索才能成功，失败是常见的事；在试生产过程中，有些实验室成功的成果往往不能通过小试、中试，历经数次规模逐渐放大的试验，最终宣告失败也是常事；在产品走向市场的过程中，一个新产品从立项到最终成功，市场有可能会发生很大的变化，包括竞争者先于自己将新产品投入市场，或是人们的消费观念发生变化，这既可能使新产品一旦开发成功就被市场淘汰，也可能会引发意想不到的市场成功。

2. 时滞性

所谓时滞性是指一项产品从最初的设计思想或发明专利到最终作为实用化商品进入市场为消费者所接受有一个过程，西方学者称其为"发明创新时滞"。时滞性是研究与发展活动的一个典型特征。一项研究活动在商业应用以前常常要花费很多时间。从历史上看，时滞的存在并不是一种或几种技术创新所特有的现象，而是一个普遍的现象。几乎所有的重大科技成果的转化都经历了这样一个或长或短的时滞。

3. 复杂性

技术创新作为一种社会活动，从一种科技思想（发明）到最终产品的产生，中间要经过许多环节。而且在这个过程中，每一个环节实际上都包含着多种发展道路的选择，因而是一个高度复杂的技术经济活动。对于创新企业来说，如何客观地在一批技术成果中筛选出具有较大产业化潜力的技术成果，如何把有关的技术设计（观念）变成产品，如何将以特定技术成果的开发利用为基础的产品推向市场，实现从科技知识到消费者需求的最后一跃，都是极为艰难复杂的工作。比如，仅仅对技术成果的筛选活动不仅要求决策者要对有关技术成果及其发展潜力有充分的了解，而且要对有关技术成果形成产品后的市场前景有一个基本的判断，要在对其他技术成果进行比较鉴定并对选择的机会成本进行周密计算的基础上做出决策。

4. 累积性

技术创新是一种累积性的活动。在任何时期，技术创新都以过去的技术创新成果为基础，而所产生的新技术成果又构成了下一轮技术创新的起点。技术创新的方向是由已在使用中的技术发展水平所决定的，而且当今技术创新的产出并不仅仅是新技术，还有新知识，这是形成未来新技术的基础。在技术上，企业希望做的事情严重地受到他们已经做到的事情的制约（技术发展的路径依赖）。因此，技术随时间的变化不是随机的，而是受到与已有的技术活动密切相关的范围的限制。

（二）企业技术创新的原则

企业技术创新作为一项经济活动，它既要遵循一定的目的性，又要遵循一定的原则，具体来说，包括以下几个方面。

1. 市场性原则

技术创新活动必须围绕着市场目标而进行，创新绝不仅仅是知识的发现，更重要的是知识的运用，纯粹的技术突破如果没有市场，则不属于创新。创新是一种经济活动，其行为与市场是息息相关的，市场实现程度是检验创新成功与否的最终标准。企业技术创新的一切活动都要围绕产品在市场上以良好的信誉销售出去，获得商业利益，并有能力以新的产品继续占领市场。在市场导向时代，企业的产品必须符合卖方的需求才能实现其市场价值，否则其产品工艺再考究，产品性能和花色再完美，也将是废品。

2. 效益原则

市场经济条件下，企业的经济活动都要讲求投入与产出效果的比较，评价技术创新的经济效益，不但要考虑通过技术创新所能实现的生产要素重新组合的投入产出效率，而且还要考虑技术创新本身的成本。即要遵循技术选择中的"技术上先进，经济上合理"。因此，企业技术创新的根本目的既要满足顾客价值需求，又要获得增值收益。当然，企业技术创新效益还要符合社会效益和生态效益，这正是现代社会营销和绿色营销理念的根本要求。

3. 系统性原则

一是技术创新要求企业内部各个部门的密切配合，企业技术创新绝不仅仅是技术部门或研究发展部门的事，而是贯穿企业价值搜寻、价值创造和价值传递活动的全部过程。按照迈克尔·波特的观点，企业的技术不仅存在于企业生产经营每一个环节，而且也存在于产业上游和下游。因而，技术普遍存在于企业之中，并且部分地取决于市场买方的渠道和供方的技术。其结果是，技术开发范围便超出了传统上为研究与开发（R&D）所确定的界限，而且自然涉及买方和卖方。

二是创新的实现要依赖与外部环境的密切配合，包括经济、政治、与创新相关的其他产业的技术水平等。

三是技术创新的系统性还体现在创新的过程上，技术创新的形成和实现一般包括创新设想形成、创新项目确定、研究开发、制造、试销、批量生产六个阶段。从新技术的研究开发到首次商业化应用是一个完整的系统工程，有一整套循环回路体系，即从目标确定到目标实现存在着各个环节上的照应和联系，无论是活动过程本身，还是参与各个环节的人员都是紧密相连的。因此，企业的技术创新必须协同攻关，合理进行，企业的各个要素都必须围绕着从研究开发到商业化应用这一过程来开展工作，方能运到效果。

4. 有效回避与控制风险原则

技术创新是复杂性经济活动，其风险因素是很多的。企业在技术创新中，应抓住主要风险因素，并采取多种措施抵御与化解风险。主要有：①提高技术创新的决策水平；②采取有效途径回避、分散和控制风险。

三、企业价值创造能力体系 —— 流程再造

20世纪90年代初以来，在美国和其他工业发达国家的实业界和学术界兴起了一场轰轰烈烈的企业流程再造（business process reengineering，BPR）运动，这场运动被认为是继全面质量管理之后的第二次工商管理革命。甚至有人认为，这场管理革命对当今企业的影响可与两个多世纪前亚当·斯密提出的分工理论对当时企业界的影响相提并论。不少企业将企业流程再造视为企业的一次重大战略行动，从战略的高度对企业进行流程再造。

（一）企业流程再造的含义

在1993年出版的《企业再造：企业革命的宣言书》一书中，迈克尔·哈默（Michael Hammer，以下简称"哈默"）和詹姆斯·钱皮（James Champy，以下简称"钱皮"）将企业流程再造定义为：从根本上对原有的基本信念和业务流程进行重新考虑和重新设计，以期在成本、质量、服务和效率等衡量绩效的重要指标上，获得显著改变。我们可以从以下三个方面来把握企业再造的含义。

第一，企业流程再造需要从根本上重新思考业已形成的基本信念，即对长期以来企业在经营中所遵循的基本信念如分工思想、等级制度、规模经营、标准化生产和科层体制等进行重新思考。这就需要打破原有的思维定式，运用创造性思维，通过对经营企业的策略和手段加以审视，找出其中过时、不当和缺乏生命力的因素。

第二，企业流程再造是一次彻底的变革。企业流程再造不是对组织进行肤浅的调整修补，而是要进行脱胎换骨式的彻底改造，抛弃现有的业务流程和组织结构，以及伴随着它们的陈规陋习，另起炉灶。只在管理制度和组织形式方面进行小的改动，对根除企业的顽疾于事无补。

第三，企业通过流程再造工程可望取得显著的进步。企业流程再造是根治企业顽疾的一剂"猛药"，可望取得跨越式的进步。哈默和钱皮为"显著改善"制定了一个目标，即周期缩短70%，成本降低40%，顾客满意度和企业收益提高40%，市场份额增长25%。抽样统计表明，在最早进行流程

再造的企业中，有70％达到了这个目标，取得了流程再造的初步成功。

从上面的分析中，我们可以看出，企业流程再造与企业传统流程有本质的区别。企业流程再造需要全面检查和彻底翻新原有的工作方式，把被分割得支离破碎的业务流程合理地"组装"回去。通过重新设计业务流程，建立一个扁平化的、富有弹性的新型组织。

（二）企业流程再造的指导思想与基本原则

业务流程重组的核心是对业务流程进行根本性的再思考和彻底的再设计，进而显著提高企业效率，提升企业价值。每个企业所面临的经营环境不同，企业内部资源存量和配置效率各异，因此其具体的流程再造的方式和程序也不一样。但是，企业流程再造的一些基本指导思想和原则确有普遍指导意义。

1. 流程再造的指导思想

企业流程再造的基本指导思想包括四个方面。

（1）为客户创造价值

流程再造是企业内外环境变化共同作用的结果，但流程再造的直接驱动力是企业需要更快更好地满足顾客不断变化的需求。在当今消费者导向的时代，对市场环境急剧变化做出快速反应，有效地提供顾客满意的产品和服务，是现代企业的根本追求。到目前为止，企业竞争力的强度往往在于产品上力求与其他厂商的品牌的差异化。然而事实表明，产品和服务差异化所带来的利益期越来越短了，在市场演变激烈的时代，消费者越来越重视时间，一旦决定购买便希望商品早日到手，时间成了顾客需求的一个重要因素。能否快速满足顾客的时间要求，就成为企业竞争力的一个重要方面。因此，以时间的差异化作为企业的差异化便成为企业的一个有效手段。

从根本上讲，企业流程再造就是以满足顾客需求为导向重构企业，把握顾客的需求，要弄清楚顾客真正的要求是什么，有什么特别要求，并视每一个顾客为有特别要求的"单一顾客"，而不是以"群体顾客"的观点展开工作。以客户为导向，意味着企业的流程优化将站在客户的角度考虑一切，企业价值的核心是为客户创造价值，而客户价值的实现是企业一切价值实现的源泉。

业务流程的设计与实施，都将以客户的利益为根本利益，以客户的标准为根本标准，成功的流程运营与流程管理也必将为企业创造最核心的价值。企业通过贯彻上述的经营思想，建立起全方位满足顾客需要的具体措施，从而可以将优质服务转化为企业的竞争优势。

（2）为员工创造机会

传统企业所处的相对静止的市场环境决定了专业化分工的职能管理具有较高效率。传统企业中除了企业高层，其他员工思考问题的出发点是如何完成本职工作。车间工人仅仅按照生产任务加工规定数量的零件，至于仓库里的零件还有多少，那是别人的事；采购员仅仅关注他的材料采购，至于生产计划如何、现有库存量是多少，他也并不关心。总之，在这样的企业里，每个人并不关心自己的工作在整体业务流程中所处的状态。基于专业化分工的职能管理固化了企业的管理模式，同时也不可避免地制约了员工的积极性和创造力。因此，在风起云涌的 BPR 浪潮中，面向流程管理进行合理的人力资源配置成为不可缺少的一部分。通过为员工创造愉悦的工作环境和坚实的职业发展道路，最大限度地发挥人力资源的智慧和潜质。在实现员工个人价值的同时，也降低了成本，提高了客户满意度，增强了企业的核心竞争能力。

（3）为股东创造价值

企业价值来自经营流程的现金流量，现金流量经折现及倍数放大，扣减负债后即为股东价值。业务流程优化设计将不同程度地提高客户响应速度及客户满意度，提高经营流程效率，降低生产成本，提升企业经营业绩，从而为股东创造价值。

（4）为社会创造效益

信息技术使得刚性的企业边界不复存在，价值链使得企业之间更加唇齿相依，众多企业业务流程相互交错。因此，BPR 已经超出了单个企业的范围，BPR 的目标也不仅仅局限于企业自身的业务流程，它甚至包括了重塑商务环境、重塑价值链、重塑社会价值网。BPR 是全社会的 BPR，也必将为整个社会带来效益。

2. 流程再造的基本原则

企业流程再造的基本原则包括如下几个方面。

（1）在产生信息的实际工作中处理信息

过去大部分企业都建立了这样一些部门，它们的工作仅仅是收集和处理其他部门产生的信息。这种安排反映了一种旧思想，即认为低层组织的员工没有能力处理自己产生的信息。而今伴随着信息技术的发展和员工素质的提高，信息处理工作完全可以由低层组织的员工自己完成。

（2）将各地分散的资源视为一体

集权和分权的矛盾是长期困扰企业的问题。集权的优势在于规模效益，而缺点是缺乏灵活性。分权，即将人、设备、资金等资源分散开来，能够满足更大范围的服务，但却随之带来冗员和丧失规模效益的后果。有了数据库、远程通信网络，以及标准处理系统，人们不再为"鱼和熊掌不可兼得"而伤透脑筋，企业完全可以在保持灵活服务的同时，获得规模效益。

（3）将并行工作联系起来

存在着两种形式的并行，一种是各独立单位从事相同的工作；另一种是各独立单位从事不同的工作，而这些工作最终必须组合到一起。新产品的开发就属于后一种的典型。并行的好处在于将研发工作分割成一个个任务，同时进行，可以缩短开发周期。但是传统的并行流程缺乏各部门间的协作，因此在组装和测试阶段往往就会暴露出各种问题，从而延误了新产品的上市。现在配合各项信息技术，如网络通信、共享数据库和远程会议，企业可以协调并行的各独立团体的活动，而不是在最后才进行简单的组合，这样可以缩短产品开发周期，减少不必要的浪费。另外，BPR 要求理顺和优化业务流程，强调流程中每一个环节上的活动尽可能实现最大化增值，尽可能减少无效的或不增值的活动。并从整体流程全局最优（而不是局部最优）的目标，设计和优化流程中的各项活动。

（4）在业务流程中建立控制程序

在传统企业中，执行者、监控者和决策者是严格分开的。这是基于一种传统的假设，即认为一线工人既没有时间也没有意愿去监控流程，同时他们也没有足够的知识和眼界去做出决策。这种假设就构成了整个金字塔式管理结构的基础。而今，信息技术能够捕捉和处理信息，专家系统又拓展了人们的知识，于是一线工作者可以自行决策，在流程中建立控制，这就为压缩管理层次和实现扁平组织提供了技术支持。BPR 要求先设计流程，而后依流程建立企业组织，尽量消除纯粹的中层"领导"。这不仅降低了管理费用和成本，更重要的是提高了组织的运转效率及对市场的反应速度。

（5）面向客户和供应商整合企业业务流程

当前时代的竞争不是单一企业与单一企业的竞争，而是一个企业供应链（供应商、企业制造车间、分销网络、客户组成的一个企业紧密供应链）与另一个企业供应链间的竞争，这要求企业在实施 BPR 时不仅要考虑企业内部的业务处理流程，还要对客户、企业自身与供应商组成的整个供应链业务流程进行重新设计，并尽量实现企业与外部只有一个接触点。

总之，企业流程再造要在追求顾客满意度和员工追求自我价值实现的过程中带来降低成本的结果，从而达到效率和效益改善的目的。流程再造在注重结果的同时更注重过程，并非以短期利润最大化为追求目标，而是追求为企业带来持续发展的能力。

四、企业价值创造能力体系 —— 构建有效的组织结构

有效的企业组织结构是企业在激烈的市场竞争中立足的关键因素之一。对于企业而言，在生产经营过程中必须认真考虑一系列问题：如何进行部门设置，实行分工协作，形成价值创造和传递的组织合力；如何进行企业结构的自适应调整；如何构建与企业功能相匹配的组织结构，有效地满足顾客的价值需求，确保企业取得市场竞争优势，谋求企业长期稳定的利润来源；如何设计企业灵活而健全的组织系统和信息战略；如何重新构建企业的业务流程和模式；如何在先进的通信网络支持下优化工作流程，使企业最终成为集新知识发现、新技术开发、新价值创造与新社会培育诸功能于一身的市场竞争优胜者；如何有效地控制企业的经营风险；等等。这些问题都涉及企业构建有效的组织结构问题。良好的企业组织结构是提高经营活动的效率、培育

竞争优势的保证。企业通过一系列相应的制度安排，实现资金、技术、产品和知识在企业内和企业间的有目的流动。在不断变动的经济、技术与文化环境中，企业只有通过对其内外组织结构形式进行持续的适应性调整与前瞻性的创新，才能保证其经济活动的相对有效率。因此，企业有效组织结构的构建是企业价值创造能力体系中的重要组成部分，也应该成为营销创新框架中的一个重要理论分支。

（一）传统营销理论对组织结构的论述

对企业有效组织结构的构建重视不足是传统市场营销理论的一个重大理论缺陷。传统营销理论更多地是从营销组织功能和地位演进的角度来看待企业组织结构。伴随着市场观念的演进，企业的营销组织结构也发生了相应的变化。科特勒认为企业的营销组织结构的演变过程主要经历了以下六个阶段：简单的销售部门、销售部门兼有其他附属功能、独立的营销部门、现代营销部门、有效营销公司、以过程和结果为基础的公司。

1. 简单的销售部门

简单的销售部门是适应生产或产品观念的一种销售组织形式，企业的目标、规划及产品的价格主要由生产和财务部门制定，而销售主管的主要职责是管理销售人员，并促使他们卖出更多的产品。随着企业的发展，涉及销售的职能也越来越多，如市场研究、广告宣传、促销执行等，这样销售主管除了继续管理销售人员和日常销售业务，还通过营销经理去计划、指挥、控制这些营销职能。

2. 销售部门兼有其他附属功能

随着业务的进一步扩大，营销职能也越来越显得重要和复杂，单靠过去的管理模式已经不能满足经营管理的需要，于是在企业设立了独立于销售部门的营销机构，具体承担市场研究、新产品开发、广告促销和顾客服务等营销职能的管理职责。

3. 独立的营销部门

随着市场竞争的日益加剧和营销观念影响的进一步加强，企业充分认识到营销管理的重要性，同时市场也要求将营销的一些职能与销售管理一并归到营销部门中去进行统一管理，这样就形成了市场营销主管（或营销经理）领导的营销部门，该部门包括销售管理在内的全部市场营销功能。

4. 现代营销部门

营销经理的任务是确定机会，制定营销战略和计划。销售员的责任是执行这些计划。如果销售活动和营销活动之间冲突太大，公司总经理可以将营销活动置于销售副总经理的管理之下，也可以交由常务副总经理处理那些可能出现的矛盾，或者也可以由营销副总经理全权处理这类事务，包括负责对销售队伍的管理。这样就形成了现代营销部门的基础，即由营销副总经理领导营销部门，管理下属的全部营销职能，包括销售管理。

5. 有效营销公司

一个公司可以有一个出色的营销部门，但在营销上可能会失败，这也取决于公司的其他部门对顾客的态度和它们的营销责任。如果它们把营销工作都推向营销部门，该公司就不可能有效地执行营销职能。只有公司的全体员工都认识到他们的工作是选择该公司产品的顾客所给予的，该公司才能成为有效的营销公司。

6. 以过程和结果为基础的公司

许多公司现在把它们的组织结构重新集中于关键过程而非部门管理。部门组织被许多人看成顺利执行职能性业务过程的障碍。为了获得过程结果，公司可任命过程负责人管理跨职能的训练小组工作。然后把营销人员和销售员作为过程小组成员参与活动，营销人员对这个小组可以有联系责任。每个小组定期发出对营销部门营销人员的成绩评估。这样就形成了以过程和结果为基础的公司。

同时，伴随着企业营销组织形式的演变，企业中营销组织的地位也在发生变化。最初的企业一般都是生产导向的，因为产品供不应求，这时企业的生产部门是企业的核心部门，其他机构处于较为次要的地位。随着市场环境的改变，企业不得不更多地贴近并了解市场，于是营销部门的地位日益提升，从较为重要的部门成为主要部门，企业的其他部门均围绕营销部门开展工作。

但这种结构导致了一种不平衡，不能同时很好地为顾客服务，于是又发展出了营销部门的紧密围绕顾客，而其他部门围绕营销部门的现代企业组织结构。营销部门在企业中的地位从无到有，从次要到主要，再到成为关键性的部门，这正体现的企业经营环境和经营理念的变化。

总体来说，传统营销理论对企业组织结构的论述是不完整的。近年来，营销学界已经开始认识到这个问题，并试图在这方面对营销理论进行补充。例如科特勒在《营销管理》中就指出："营销组织必须重新界定它的角色，即从管理顾客之间活动走向整合管理公司所有面向顾客的过程。"他从营销的角度列举了对企业组织应该研究的一些问题：公司组织演变的发展趋势是什么；在各种公司中营销和销售是怎样组织的；营销部门与公司其他部门的关系是什么；公司应通过哪些步骤来建立强有力的顾客导向的组织；公司怎样改造它的营销执行技能；有哪些工具能帮助公司改进它们的营销活动；等等。

针对新的营销环境的变化，科特勒也探讨了企业组织结构的一些发展趋势。科特勒指出，传统意义上，营销人员是充当中间人的角色，通过理解顾客的需要并把顾客的心声传达给组织机构中的各个不同的职能部门的这些活动来索取报酬，这些不同的职能部门再针对顾客所提出的需要采取行动。这种营销观念假定公司很难与顾客取得联系，并且顾客也不能与其他职能部门发生直接关系。但是，在一个已经网络化的企业中，每一个职能部门都可以与顾客取得联系，尤其是用电子计算机进行数据处理的部门。营销部门不再是唯一与顾客发生关系的部门；相反，营销部门的职责是整合所有针对顾客的工作，使其成为一个整体，这样当顾客与公司发生关系时，他们所见到的是类似的面孔，所听到的是同一种声音。

从上面的论述可以看出，科特勒对企业组织结构在新的营销环境下的变化已经有了足够的重视。但是遗憾的是，他并没有对此予以详细的阐释，更没有从企业价值创造能力体系的高度来论述企业组织结构问题。

（二）对传统企业组织结构的反思

传统的企业内组织结构一般是以科层制为基础的。该种组织结构通过组织劳动分工、制度管理决策，以及制定一种程序和一套规则，使各类专家可以齐心协力地为一个共同目标努力。科层制组织结构极大地拓宽了组织所能达到的知识的广度和深度。在组织设计方面，也已形成了一些经典的设计原则，被认为是在组织设计时必须遵循的。但是，随着经济形势的发展和企业经营环境的变化，这些组织原则越来越显现出其缺陷，存在诸多有待进一步认识的问题。质疑这些原则可以为进一步的组织创新提供理论依据。

1.分工原则

分工原则是组织设计的第一个原则，分工的思想源于亚当·斯密的劳动分工，它是指并非让一个人完成全部的工作，而是将工作划分为若干步骤，由一个人单独完成其中的某一个步骤，也就是说，个人专门从事某一部分的活动而不是全部活动。经典的分工原则认为，劳动分工是增加生产率的不尽源泉，分工越细，专业化水平越高，责任越明确，效率也越高。

这一结论在19世纪和20世纪转换之际和更早的时候是正确的。当时由于专业没有得到普遍推广，所以应用它通常总能产生更高的效率。但是物极必反，过细的分工可能导致非效率在劳动分工程度的某一点上，由劳动分工产生人员非经济性（它由厌倦、疲劳、压力、低生产率、劣质品、经常旷工和高离职流动率表现出来）会超过专业化的经济优势。在这种情况下，提高效率就不能再依靠分工，即缩小工作的活动范围，而是要通过"合工"来提高生产率。据此，给予员工多种工作去做，允许他们完成一项完整而全面的任务，以及将他们组合到一个工作团队中去，虽然有悖于分工原则，但也是一种有效的尝试。

2.职权原则

所谓职权原则是指管理职位所固有的发布命令和希望命令得到执行的一种权力。它具体可分为直线职权、参谋职权和职能职权，它们构成了组织的权力系统。

职权原则在组织设计中的具体运用表现为集权与分权的结合。集权与分权相结合无疑是正确的原则，但问题是这里的决策权实际上是组织中正式的职权。仅仅以这种职权来决定组织权力的分散与集中显然是不充分的，来自职权以外的权力因素将可能严重影响分权与集权的预期效果。因此，这种集权与分权原则，实际上是似是而非的概念。总之，在组织设计中，完全恪守职权原则是危险的，还应充分考虑职权以外的因素（个人的知识、所特有的信息，以及与权力中心的距离等）在现实组织中的影响。

3. 统一指挥原则

统一指挥原则是指每个下属应当而且只向一个上级主管直接负责，没有人应该向两个或者更多的上司汇报工作，否则下属人员将可能要面对来自各个主管的冲突要求或优先处理要求。当组织相对简单时，这一原则显然是合乎逻辑的。但是，由于这种原因，统一指挥原则经常无法实现，尤其是在大型组织里，由于专业知识的逐渐增加，组织中的参谋日益增多，高层主管为了使这些参谋发挥效用，常授权他们去控制某些特定部门。

在有些场合，当严格遵照统一指挥原则行事时，会造成某种程度的不适应，加大组织管理的成本，妨碍组织取得良好的绩效。因此，在这种情况下，放松统一指挥原则可能是有益的。

4. 控制幅度原则

经典的控制幅度原则认为：一个主管人员能有效管理的下属人数是有限的。尽管对具体的数目没有形成一致的意见，但古典学者都主张较小的管理幅度（通常不超过6人），以便对下属保持紧密控制。而近年来的趋势是加大管理幅度，构造扁平化的结构。控制幅度原则至少在两个方面受到怀疑。

其一，控制幅度原则是建立在主管对下属的命令与指挥基础之上的，由于主管的理性是有限的，所以其直接指挥与控制的下属人数是有限的。而实际上，主管在组织中的作用并非是对下属的控制、命令与指挥，而是"沟通"。命令与指挥是单向的，而沟通则是双向的。沟通是建立在双方平等协作的基础上，这可以消解上下级之间的冲突。控制幅度不单取决于主管的有限理性，而且还取决于下属的沟通意愿。从这个意义上讲，以"沟通幅度"原则代替控制幅度原则更为合理。

其二，现实中我们不可能依据某原则或惯例指定一个管理者能有效管辖的特定数。管理幅度原则应该是一个管理人员能够有效管辖下属的人数有一个限度，但是确定的人数取决于一些基本因素的影响，即在组织设计时应找出各种具体情况下限制管理幅度的原因，而不是假定存在的一种在广泛适用的人数限度。这些影响因素包括：下属的经验与受训练程度；工作任务的相似性和复杂性；工作地点的空间距离；使用标准化的程度；组织管理信息系统的先进程度；组织文化的凝聚力；管理者的管理风格；等等。

5.部门划分原则

部门划分实质上是分工原则的继续，该原则是指组织中的活动应当经过专业化分工而组合到部门去。部门的建立通常可依据所开展工作的职能、所提供的产品或服务、所设定的目标顾客、所覆盖的地理区域或者将投入转换为产出所使用的过程等。部门是构成科层组织的基本单位，部门的划分方法应反映最有利于实现组织目标的要求。

然而，问题是部门化的组织中常常会出现各部门追求部门自身的利益而看不到全局利益的情况，这尤其以按职能划分部门为甚，没有一项职能（部门）对最终结果负全部责任，每一职能领域的成员相互隔离，很少了解其他职能的人在干些什么，不同职能间利益和视野的不同会导致职能间不断地发生冲突，各自极力强调自己的重要性。由于各部门不对最终结果负全部责任，因而在发生错误的时候往往难以找到真正责任者。组织部门划分得清清楚楚，正是最好推诿过错的方法，凡是熟悉这方面的人大概都知道，绩效不良几乎完全可以推到制度身上去，可以推到别的部门身上去，或是推到非我能控制的因素身上去。

不仅如此，组织设计在划分部门时往往强调采用统一的划分标准，以使企业各基层组织活动有一致的规范，便于管理。其实，部门划分的目的并不是建立一种各层次都平衡，而且又以一致性和等同基础为特征的僵硬的结构，只要有利于实现企业的目标，适当地采用多种标准来设立部门机构也是应该被允许的。同时采用跨传统部门界限的团队组织，将使原来僵化的部门划分得到补充。

（三）企业组织结构的创新

不同的企业组织结构模式源自不同的经济形态。在人类告别工业经济时代走向知识经济时代之际，企业组织结构调整成为一种必然的现象。在传统的工业经济环境下，实物资本、货币资本和技术是经济增长和企业竞争优势的主要源泉，传统的企业组织结构正是着眼于实现资本与技术等要素的有效配置而设计的。而在以信息、知识和网络为特点的新经济环境下，人力资本及由此产生的知识积累则成为经济增长和企业竞争优势的主要源泉，自然需要新的企业组织结构来保证新的核心要素的有效配置。这正是一个组织生存和发展的关键。在这一背景下，就需要企业根据环境的变化创建新型企业组织结构。

1. 新经济背景下企业组织结构变革的趋势

（1）决策的集中化逐渐让位于分权化

在知识经济时代，企业所面临的是迅速变化的环境，信息的层层传递将会延迟决策的时间，使企业难以做出迅速的反应。另外，由于专业知识传播的代价高昂，因此无论是对于宏观经济还是单个公司而言，要在决策中使用专门知识就应该将许多的决策权分散化。

由此，资本不再是企业组织的关键资源，而成为具有不同专业知识技术的劳动者之间的连接纽带；企业组织的员工不再是企业组织的附属品，而是在某种程度上成为企业组织的合伙人。另外，生产性组织中的绝大多数工作并不是在工厂里。大多数生产性工作在功能上表现为营销、设计、加工工程、技术分析、会计和管理，而这些职能是需要专业技能和大量知识的。知识工作，包括信息收集、发挥创造力、实验、发现，以及新知识与更大系统的统一，其本质意味着领导不能像对挖掘工或从前流水线工人那样对知识工作者发号施令。如果知识工作者果真有水平，那么他们很快就会在他们正在做的具体项目上比他们的上司了解得更多。另外由于基层员工与市场最接近，他们对顾客信息的掌握有时比高层还多。就信息掌握而言，企业组织的基层员工已经可以与高层"分庭抗礼"了，因此决策权从高层向低层转移。

（2）规范化逐渐让位于创造力

知识经济时代，适合于科层制组织结构管理的简单重复性工作正在急剧减少，机器可以完成更多的机械性工作，而剩下的工作需要创造性和灵活性。因此领导者的工作更多的是围绕一个共同梦想激发众人的才智。智能技术和专业技术知识的发挥在很大程度上依赖员工的创造力。对于创造力，我们无法给它以明确的规则。知识工作包含更多的自我引导和团队工作，宽松、不干预的管理对知识工作者是必要的。这样可以保持一种有利于进行创造性思考的环境，以便对竞争和市场发展做出迅速反应。

（3）纵向层次结构向横向层次结构转变

由于知识经济的发展和信息技术对管理的冲击，企业的组织结构日趋扁平化，集中表现是减少层次和压缩规模。扁平结构的益处之一就是减少了决策和行动之间的时间延迟，加快了对市场动态变化的反应。创新是知识经济时代发展的动力，为了获取知识，组织结构从传统的纵向层次结构向横向结构、网络结构发展。横向组织的突破在于雇员被授予思考和行动的权利。自我管理型团队是横向型结构的基本单位，它是围绕工作流程或过程而不是部门职能来建立的，传统部门的边界被打破。学习型网络组织的进一步突破是雇员为战略性指导做出以往做不到的贡献。网络型组织中每个人都是一个决策中心，而不是像传统企业那样只有一个中心，即高层管理层，从而使权力得到了更好的分解。

正因为如此，工作之间的协调也从上级协调向同伴协调转换，职能部门甚至业务部门之间的协调大部分由团队进行。来自各个职能部门的员工在一个小组共同工作，他们进行市场调研，确定每件产品的成本、特色、外观和工作方式。

（4）虚拟公司将成为一种崭新的经营组织形式。

新的信息技术促成新的组织形式。未来处于主导地位的企业组织形式将不是稳定的和永久性的公司，而是一种灵活性很强的"虚拟公司"。

企业的虚拟性主要表现为：通过计算机网络，人们可以与工作设备、设计工具、软件连接起来，即使它们处于不同的地点、属于不同的所有者，它们也可以密切地合作。一个企业不需要正式雇用许多人才，也不需要所有的工厂和设备，就可以利用企业外部资源来完成生产经营过程中任何一部分活动。

对当今企业来说，产品和服务正变得越来越复杂，多数产品的生产呈现小批量、多元化。对开发研究、机械设计、程序设计、工厂管理、市场营销及各种专业技术都有着更高的要求，迫使企业拥有一系列核心能力，而这一系列核心能力对单个企业来讲是难以做到的，必须借助外力。于是就会出现虚拟公司的组织形式。虚拟公司通过网络协作进行生产活动，通过企业间网络实现各种协调，这种协调贯串企业合作过程中的各个方面，而不仅仅是生产过程。这种协调使不同的合作者在不同的地点工作，可以获得高效率；可以使从"顾客需求产生"到"顾客需求满足"这一过程的时间缩至最短，使企业能够取得更大效益；可以使企业在全球范围内配置资源，降低成本；能够利用更多的智力进行研究、开发和设计；可以使多个企业获得共同的发展。

2. 组织创新目标与方式

创建面向市场的组织，使组织创造市场价值最大化是网络时代的组织创新的最终目标。网络经济中企业竞争的中心已向服务竞争转移，优质的、个性化的服务成为企业的竞争优势。因此，现代企业应创建面向市场的组织。信息技术为创建面向市场的组织提供了条件，把连接企业内外活动作为主要功能之一的企业信息系统，使企业的各子系统活动都紧紧围绕市场，以市场的需求与企业的目标来协调与规范组织的各项活动。

基于以上考虑，我们可以将企业组织创新关键点描述为如何处理分权与集权的关系，或者说如何处理命令与市场的关系。创新后的组织结构应该是融合了命令与市场（契约）的柔性的组织，正如英国石油公司所描述的："如何既加强公司的力量又让组织各部分有较大的柔性并反应迅速。"未来的组织形式，不再将原企业组织中的各个单位都视为自己的"分部""部门"或其他常有等级概念的名称，而是在保留核心部门的情况下，将非核心部门外部化出去。这些非核心部门也许是生产、管理、营销或其他单位。我们可以赋予这些部门新的概念——内部企业，这些内部企业实际上成为核心部门的外部资源供给中心。它们相互之间的关系，不是以前的命令与控制的关系，而是契约关系——形成了内部市场。外部资源供给中心在向核心部门提供服务或产品时，还可向组织以外的厂商提供服务或产品。这样一来各个单位都会对组织效益负责，而且有创造性的企业精神得到了鼓励。外部资源供给中心在向核心部门提供服务或产品时，还可向组织以外的厂商提供服务或产品。

（1）外部资源供给中心

企业组织中的任何一个部门都有可能归入外部资源供给中心，如组织中的辅助单位，生产制造部门、信息部门营销机构，甚至总经理办公室等。例如：对组织中的辅助单位来说，可将其改变为"内部咨询公司"，作为利润中心向企业内外的客户提供服务；生产制造部门经过改造可为企业内外的客户生产产品，此时生产制造已变成了一次服务功能；对于信息系统而言，在市场模式下不再像过去那样由信息部门将其强加给用户。在信息系统被改造成利润中心后，信息部门除了能向原来的部门提供有效的服务，还能从其他客户那里获利。同样，企业的营销机构也可以外部化为利润中心，它可以像普通经销商一样来完成企业在某一地区的所有产品的销售工作，同时向其他企业提供营销服务。总之，指导内部市场的原则就是一切市场功能都可以在组织内部被重塑出来。

（2）核心团队

核心团队是企业组织效率的关键，它由企业的核心部门及其人员构成，直接面向顾客。核心团队的成分因企业的具体情况而异，一般来说能够形成企业的核心能力、资产专用性较强的部门和人员是核心团队的主要部分。例如，有的企业生产工艺技术有特色，有的企业营销力量强大，因此其核心团队的构成是不同的，可分别围绕生产、营销来组建核心团队，而将与服务顾客有关的部门改造为外部资源供给中心的成员。

（3）内部市场的运作条件

内部市场体系的有效运作有赖于一定的条件。在企业内部市场组织中，高层战略管理团队不能再用原来的指挥命令系统来管理企业，而是通过设计和调节企业的经营基础来实施管理，设立财务、通信、经济激励、管理政策、企业文化等方面的共同系统。除了设计组织系统，企业的高层战略管理团队还必须努力使企业成为齐心协力的团体。在形式上也许会放弃许多指挥权力，但可以通过承担责任、促进合作来实施领导，没有这些作为保证，内部市场将可能是一个混乱的市场。

（4）内部市场组织的优势

内部市场是实现企业组织彻底扁平化的根本途径。在实施过程中，内部市场组织当然也会产生类似外部市场的一些问题，如复杂而充满风险的工作关系、不确定性等，但从总体上讲，内部市场仍有很强的吸引力。

人们通常认为，由于各企业单位有不同的目标，并互相为资源而竞争，因此采用市场的做法，必然会引起矛盾和冲突，而实际情况却是，市场体系反而能更好地解决现有的大量矛盾和冲突。所以，内部市场可为良好的工作关系提供合情合理的基础，可用对各方都为有利的公开协议来取代传统的命令或指挥（我国海尔公司的内部市场链的核心思想就是如此）。一个内部市场里的各个单位，就像生命体里的细胞一样，可根据自己的感觉或判断来经营，承担全部收益与成本。组织结构上的自由将会释放出巨大的创造力，这是企业创新的必要前提。

总而言之，为了适应科学技术和经营环境的急剧变化，企业经营战略与组织必须走向求变和创新，以灵活性、敏捷性为特征，以顾客满意为导向。未来的企业组织结构模式将是一个超越组织边界的概念，它是围绕核心企业，融合虚拟企业、战略联盟、网络化组织的基本组织方式，通过对信息流、物流、资金流的控制，将供应商、制造商、分销商、零售商，直到最终用户连成一个整体的、动态的功能网络结构模式，以适应复杂性、动态性、交叉性的经营环境，更好地满足用户需求。

第三节 企业合作网络构建

一、合作的价值源泉

企业经营的根本目的在于创造和传递顾客价值，使顾客满意，并从中获取收益。企业在经营过程中增加可创造的顾客价值、提高经营效率和收益水平的途径基本上有两个。

一是从企业内部挖掘价值创造的源泉，如技术创新、削减费用、减少管理层级、重新设计流程、改善信息系统及办公自动化等，以求降低生产成本，提高价值创新能力。但20世纪90年代以来，企业间的竞争越加激烈，前所未有的竞争压力逐渐侵蚀企业的利润基础，企业与竞争者之间的差异逐渐消弭，企业内部效率提高的边际收益明显递减。许多企业认识到，仅仅谋求内部效率的提高不可能营造出长久的竞争优势，因为别的企业经过同样的努力也很快会赶上来，向组织内部寻找有效的价值创造能力提高的来源越来越困难了。

二是从企业边界间挖掘价值创造的源泉。正是由于企业内部生产效率提高的源泉趋于枯竭，于是许多企业开始着眼于从企业外部寻求提高价值创造和生产力水平的源泉，这一源泉就是企业边界间的潜在生产力资源。出于以上考虑，企业开始将提高价值创造效率的焦点放到与外部企业的关联上，从而导致企业之间进行一场前所未有的合作方式的大变革，这一变革的核心在于超越单纯交易的关系，将双方间原本着重于短期利益的关系转变得更有利和更持久。这场变革以许多形式进行，例如：企业与供应商跳出传统组织界限的想法，进一步将彼此公司内的程序，甚至公司内部的功能加以整合；企业会留意供应商的获利，而供应商也会婉拒与客户的竞争者做生意，以确保客户的最大利益；销售人员改变了原先对资料保密的规则，而将成本信息向客户开诚布公，相应地，客户也愿意让供应商一窥公司财务资料；企业与合作伙伴之间共同建立跨越双方组织界限的团队，这种新型团队不仅代表新伙伴关系的形成，更成为双方挖掘潜在生产力的来源。这种企业间的价值创造源泉，就是企业合作网络。

尼尔·瑞克曼（Neil Rackham，以下简称"瑞克曼"）等在其具有经典意义的著作《合作竞争大未来》中指出："对于那些能超越传统组织界限概念的企业，伙伴关系给了他们优厚的奖赏；而对那些局限在传统交易关系想法中的公司则施予惩戒。伙伴关系使得供应商与客户都能在各自的市场中具备长期的竞争优势，无往不利；他们渐渐地团结于这种更具效率与效益的商业关系中，并且逐渐将竞争者排挤出去。客户得以将产品以更快、更便宜的方式销售出去，而供应商在获得长期合约的同时，也能以更灵通的渠道与地位来提供有竞争力的产品给客户。当结为伙伴的组织能够持续地追求更低的成本与更多的价值时，他们也就创造了一种传统交易形态永远无法与之匹敌的优势。"

企业间的合作网络为何能够产生巨大的价值创造和生产力源泉，或者说这种新增的价值来源于何处，瑞克曼认为有三点：重复与浪费的减少、借助彼此的核心能力、创造新机会。

（一）重复与浪费的减少

以往企业的特点之一在于"功能齐全"，每个公司几乎无一例外具备自己的存货、仓储、物流与配送及设计等功能。在不合作的情况下，就两个有关联的企业而言，等于把事情重复做一次。伙伴关系可以减少这种重复，使公司之间的流程得以简化。另外，信息不对称也是导致浪费的原因。在传统供应商形式中，顾客方面的信息严重不足，供应商的生产计划无法依据正确的需求信息而调整，导致生产要么过多（增加仓储成本、在制品成本及其他资金占用成本），要么过少（导致机会丧失）。伙伴关系可以使彼此共享信息，在快速反应（QR）系统下，降低信息的不对称，使供需同步，从而减少浪费。

（二）借助彼此的核心能力

合作价值的第二个来源是自专业知识和核心能力的相互借助。企业间的合作不是没有原则的，它首先是对自身的专长和功能进行定义，并成为功能较为单一的核心性单元组织，然后在此基础上强调互补性核心能力的企业之间的"合作"。因此，企业合作时，专业知识和核心能力相互利用现象肯定存在。专业知识和核心能力的相互利用为什么会产生出更大的价值呢？（相对于不合作而言）从理论上讲，这一较大价值根本来源在于"专业化分工"（企业间的专业化分工）。回顾一下亚当·斯密有关"分工如何增进效率"的阐述，就自然可以明白以上问题。在市场交易下，交易对象是随机的，并不固定，而最具互补性核心能力的交易对象，对特定交易者而言肯定只有一个或少数几个，因此特定交易者在互补性核心能力的利用上，必然要经过一个选择过程（有时这种选择是经常的），这就必然增大了交易费用。而通过合作利用互补性核心能力，可以使特定交易者有目的且固定化地选择"交易"对象，从而就可能长期地与最具互补性的核心能力（在可选择集合内）结合，可以降低交易费用。

（三）创造新机会

伙伴关系的贡献中最振奋人心的，莫过于结合伙伴双方的能力来创造新契机——无论是新产品、创新的服务还是突破性的新技术。独立运作、各自为战，总会由于企业自身能力的局限，在新机会的创造或把握上力不从心。合作可以超越自身的不足，以相互弥补的资源优势共同完成程度更高的创新活动。

正像着眼于企业内部的效率发掘一样，组织边界之间的生产力潜力也总有消弭之时。但由于"创造新机会"存在——最具前景的贡献之源，企业间的伙伴关系从理论上说是没有尽头的。

瑞克曼提出了三个价值源泉（赵春明将其简称为"瑞氏三源"），他本人仅以几个解释性不强的例子进行说明。但是他所指出的三个价值基本上把通过合作可以最终得到的经济利益揭示了出来。"瑞氏三源"流于合作价值的表面观察，或者是合作的结果性表现。从理论上说，这种合作价值含义是："一个企业网络中的成员如果都能够进行关系性特定资产的投资，并以一种特定的方式将各种资源结合起来，就能够产生一种大于单个企业收益之和的超额利益，即关系性租金，正是这种关系性租金成了企业生产率提高和竞争力实现的源泉。"若要从理论上追究"瑞氏三源"产生的根本原因，笔者认为合作价值产生的"终极之源"主要有三个方面：专业化及其整合、规模经济、信息与知识共享的优势。

1. 专业化及其整合

在工业革命以来的 200 多年里，企业提高效率的主要方式，与企业内部生产的专业化分工有关。而在以信息和网络为主要特点的信息经济时代（或称知识经济时代），效率的提高一方面要求企业内部分工与专业化，但更主要的是要求企业自身的专业化。由于企业不可能也不必要在完成产品的全部所需专业方面都具有专业性，按照效率原则，必然的结果就是企业从"全能型"向"专能型"转化，那么整个经济社会层面也将会面临一次大变革，即建立在企业层次上的按照核心能力标准展开的企业专业化分工与合作。一旦专长化成为企业的普遍特点，那么就会产生"专业化"带来的效率，这一点与企业内部专业化分工提高效率的结果一样。

企业向"核心化""专业化"方向发展，使社会生产更具复杂性。社会生产顺利进行的条件之一，就是对各个分工方之间的系统整合。企业内部分工，需要有效的管理方式（需要的是计划和命令），将生产活动在分工之后再有效地使其完整起来；企业间的专业化分工后的整合，则只能通过彼此之间的合作来实现，即企业的网络化合作。随着企业间专业化分工越来越细化，企业核心能力的专业性越来越强，由此带来的专业化效率和整合的价值就会越来越大。瑞克曼的价值三个源泉中的"借助彼此核心能力"和"创造新机会"均与专业化及整合相关。

2. 规模经济性

企业内部的规模经济仅仅表现在生产领域，实质上是"车间的规模经济"，是实物性生产资产的规模经济。但与此同时，往往导致了其他方面的大量不经济：采购系统、分销系统、信息系统、研发系统、人力资源系统等均存在过剩或不足。

随着企业本身的核心化，原来企业的各种功能独立化，并作为专门性的组织单元而存在，而且各种功能本身在其所必需资源异质性较大情况下，也会分化成独立的组织体，比如生产功能，在完成同一生产过程的各环节中，若各环节所需的知识和能力替代性不高，就会从组织体中分离出来。然后，通过着眼于大范围的合作，每个企业的核心性作业单元组织就会分别实现自身的规模经济。比如，针对现在顾客的差异化和个性化需求，企业可以通过将零部件生产通用化，使其在多种多样的组合体中很好地配合，生产企业和供应商合作，减少自身生产零件的种类，把用量达不到规模经济要求的零部件交由供应商专门生产，而产品分销交由分销商执行。

因此，通过企业合作网络所能实现的规模经济是多方位的（各种功能）、全过程的（各功能的全部环节的），由此产生的价值，部分表现为瑞氏三源中的"重复与浪费的减少"，其他部分则作为独立的价值源泉，出现在企业的账面上。

3. 信息共享的优势

合作伙伴之间共享信息，使整个价值链在共有的信息平台基础上运作，由此产生的价值不仅是成本的节约，如"重复与浪费的减少"，而且具有创新意义。

企业间学习与信息的共享化是企业竞争力实现的基础，一个组织通常在与合作方相互交流学习的过程中取得发展。冯·海伯尔（Von Hippel）研究发现，在某些行业近 2/3 的创新可以追溯到顾客方的意见和建议，还有些产业（如有线终端设备）大部分创新是由供应商推动的。因此，冯·海伯尔提出在用户、生产商、供应商之间建立一个信息、知识传输分享机制，能激发新的创新。与此相似，武石彰在比较研究日美汽车产业生产率差异的过程中发现，日本企业较美国企业内制率低，来自供应商的提案（特别是生产改进提案）多，在供应商的开发能力上，日本也比美国高，所有这些都与日本注重密切的信息交换与知识分享有关。这些研究表明，在企业合作网络中，合作伙伴在很大程度上是创新思维的源泉，因为它要比网络外部成员更能了解技术的演进、部件设备的状况及服务和营销理念等。因此，企业合作网络能够通过制定信息、知识共有化的机制而产生合作价值（或关系性租金）。

首先，降低了销售的不确定性。销售的不确定性是主要的市场风险，销售的不确定产生于生产者与消费者之间的信息不对称。共享的信息平台把供应商、生产商、客户及最终消费者网联在一起，从终端信息输入开始，产生一连串的生产反应，环环即时生产，向上溯及，直至最初供应商。因此，合作在很大程度上使信息对称化，生产者在行动之前就有明确的需求"指令"，从而极大地降低了经营风险。

其次，伙伴关系使交易行为固定化，非伙伴竞争者无法通过传统的竞争手段争夺伙伴交易者的市场份额。企业间的合作，使合作关系内的企业之间在交易行为上非自由竞争化，具有一定程度的垄断性。"垄断"使供应商获得了稳定的"市场"，避免契约网络外的企业的竞争干扰。同时，"垄断"也使客户的供应渠道畅通、低廉、稳定，这对原材料较为稀缺的生产企业而言尤为重要。

最后，信息共享增强了企业快速反应的能力。这一点，在市场巨变的今天，几乎是企业的基本生命线。在市场变化程度较大时，任何一个企业都不可能通过自身的改进而获得足够的适应性，因为每个企业都不可能孤立运作。只有企业间的联合行动，才可能真正提高对市场反应能力。

综上所述，在现代经济社会中，尽管单个企业的竞争仍然存在（在很多情况下还是作为一种主要的经济现象存在），但是未来将是企业合作网络间的竞争，具有网络竞争优势的企业将是真正的成功者。合作网络的价值源泉正在受到越来越多企业的重视。

二、价值链基础上的企业合作网络

从企业合作的现实状况来看，主要包括两种合作模式：一种是以价值链为基础的纵向联合，一种是横向联合。本书主要论述以价值链为基础的纵向合作网络。

波特认为，价值是在企业一系列的活动中产生的。企业的竞争优势来自一个企业在设计、生产、销售、发送等过程中所进行的分立活动，这些活动中的每一项都能有助于确立企业相对成本地位，并为差别化奠定基础。这种对企业活动进行分解的工具就是价值链。

（一）从价值链到供应链

价值链把企业分为战略上相互联系的活动，以了解企业的成本行为和差别化的现有和潜在的来源。企业内部流程再造就是优化企业价值链之举，我们将其称为微观价值链。通过业务流程再造实现企业业务活动过程的增值，这是构建微观层次价值链的主要途径。伴随对业务过程的再造，企业逐渐实现向完全基于过程（流程）的组织结构的转化，由注重职能转向注重增值流程，支持价值增值的实现。

如果我们放宽视野，整个价值的创造和传递其实包括供应商、生产单位、销售渠道和买方等一连串活动。这一连串活动结合起来，就构成了企业生产经营系统中的一条完整的供应链，我们称之为中观价值链。与微观价值链主要关注内部资源不同的是，中观价值链更多地考虑通过优化供应链来实现价值增值，这个增值主要体现在供应链上满足顾客需求的核心活动过程，以及信息流、物流和服务流等流程之中。

供应链连接从原材料到产品生产直至成品到达消费者手中的各个过程。供应链的管理思想是用集成系统理论来管理始于原材料供应商、经工厂和仓库、止于最终顾客的信息流、物流和服务流的流程，重点落在企业满足顾客需求的核心活动过程上。大多数企业的采购以原材料为主（所采购的物资决定了生产成本的2/3），然后企业自己对原材料进行加工。这样，供应链上的购买与制造两个过程在很大程度上决定了产品的成本、企业的生产率和竞争力，或者说基本决定了价值增值的多少。随着全球经济竞争的加剧，降低成本的压力日益加大，迫使企业必须对供应链重新进行构造和优化。因此，最大限度地实现价值增值是供应链管理的关键，这就是中观层次价值链的构建问题。

以增值为基本出发点，企业必将关注自身优势、充分接近顾客和满足顾客需求，这样企业把精力集中在自身的主要使命，把管理和技术精华集中到为公司带来竞争优势的增值活动过程上来；原来由企业自己提供的产品（服务）及企业其他职能，则通过资源外取来提供或实现。通过资源外取的产品（服务）和职能的范围主要指：采购合同的订立和原材料采购；人事管理与职工培训；后勤供应及其管理，包括安全和食品；维修服务与工程技术；会计服务；法律服务；产品研究；等等。作为中观层次价值链构建的主要手段，资源外取不仅可以帮助企业在业务流程再造的基础上，实现对内部业务过程的再次增值优化，还可以大大优化供应链的过程，从而充分实现价值增值。这就需要以供应链为主线，通过资源外取和企业动态合作网络结构，来构建该层次的价值链。

根据价值链理论，企业的价值创造过程分解为一系列相互关联的增值活动，其中各个环节的经营管理活动之间相互影响，并共同决定整条价值链的收益。企业合作网络的意义在于通过形成一种合作伙伴关系获取竞争优势，单个企业完成一系列价值增值活动的其中一部分，这些活动相互叠加就构成了整条"增值链"。在某些价值增值环节上，本企业拥有优势，在另外一些环节上，其他企业可能拥有优势。每个企业通过联盟调整自身的增值活动以适应链上的其他公司，从而使拥有互补战略环节的企业之间在联盟中发挥出强大的整合优势。通过和生产环节中的上游或下游合作伙伴建立合作联盟，使双方各自将自身的主要资源集中于价值链中的核心战略环节，从而进行互补生产合作，创造更大的价值。

在带有自我管理团队的横向式组织结构的基础上，企业保留其关键的增值活动过程，而对原来由企业自己提供的某些产品（服务）及其他职能进行资源外取或者把这些职能组织剥离出去，将价值链的非核心环节业务外包给其他企业，特别是中小型企业，这就是价值链的外包战略。它可以有效地降低产品成本，引进和利用外部资源，有效地确立企业的竞争优势。从战略上看，业务外包可以给企业提供较大的灵活性，尤其是在购买高速发展的新技术、新式样的产品，或复杂系统的组成零部件方面更是如此。另外，当多个一流的供应商同时生产一个系统的组成部件时，就会降低外包企业的专有资产投资，缩短设计和生产周期。供应商既有相关方面的人才优势，又有专门领域的复杂的技术知识，而且可以不断地更新产品。企业实行价值链的外包战略，把其所研制技术和零部件所要承担的风险扩散到每个供应商身上，就无须承担零部件的研究与开发计划失败的全部风险，也不必为每一零部件系统投资或不断地扩大配件本身的生产能力。这样，企业就可以全力改善本身核心业务的竞争能力。

（二）从供应链到价值系统

企业的价值链并不是处在一个真空地带，它与外界具有不可分割的价值联系。企业的价值链上接供应商价值链，下连客户价值链，同时还受到市场价值链与竞争对手价值链的影响。它们共同构成了一个价值链系统。它们之间都在寻求自身的价值。作为企业，就是要善于运用这一价值链系统为自身创造价值。供应商价值链是企业生产要素的源泉，与它们建立战略性的合作伙伴关系，就能够起到双赢的效果。客户价值链是企业价值能否实现的前提条件，善于发现客户的需求，了解它们的变化，最大限度地满足客户的需要，就能使企业在为客户创造价值的同时实现自身的价值。市场价值链是企业联系客户的重要渠道，而竞争对手价值链对于企业自身价值的实现有直接的影响作用，忽略它们的存在，孤立地看待企业的价值链是十分危险的。有人对丰田汽车做过调查，它的全部价值中只有 15 % 来自企业内部，这主要是通过生产的各个环节成本控制来实现的；而另有 85 % 来自企业的外部，这主要是通过巧妙利用供应商降低生产要素的成本，开发多种供应渠道扩大产品销售，随时随地捕捉消费者的需求，不断地开发出适应市场需要的产品，巩固企业的市场地位，及时地了解竞争对手的发展动向，不断调整竞争战略，保持竞争优势。所有这些努力，极大地提高了企业的价值创造能力。由此可见，充分利用企业外部的价值链系统是十分重要的一环。

（三）价值链基础上的合作需要无缝营销

既然企业之间在价值链各个环节上进行合作，那么只有各个成员企业之间积极地进行相互的协调，整个价值链才不至于成为一团散沙，不至于在相互侵压中丧失系统优势。这就要求成员企业之间通过利益调整，协调节点企业的库存、物料采购、生产、营销和货运计划，使企业之间产品和信息的流动以尽量少的时间、尽量小的费用得以实现，企业之间的交易"缝隙"缩到最小化，实现整体业务体系的快速重组，即实现"无缝营销"。这样才能发挥出价值链的整体竞争优势，同时也能保证各个企业都能从这一价值链共同体的运营中获得效益。

同时，在技术进步速度不断加快、消费需求变化越来越迅速、市场范围不断扩大的情况下，社会生产分工不断深化，许多产品或服务的价值增值过程被分解为更长更细的链条。一个高效率的价值提供系统是无法由单个企业建立起来的，而是应该包括与消费者直接接触的零售企业，以及上游的批发企业、生产企业、原材料供应商等。这一要求导致市场竞争从形式到内容的演变：企业之间的竞争，更多地表现为企业所在价值链之间的竞争，即价值链群的竞争。一个具有竞争优势的企业应该获得其经营价值链中每一个相关环节的有力支撑。就商业企业而言，要有优良的供货商或供货渠道，就制造企业而言，既要拥有能迅速进行商品流转的市场营销网络，同时还要有稳定可靠的中间产品供应商。企业之间的联盟合作通过相关价值链环节的一体化，可促使企业在相互合作的基础上建立高效完整的价值提供系统。价值链群的竞争是由上下游企业联合组成完整的价值提供系统而展开的竞争，它是一种联合竞争的形式。

在价值链群的竞争中，整个价值链竞争优势的发挥，不是仅取决于整个链条中单个企业生产经营管理水平，而是取决于整个链条中所有企业生产经营的质量，取决于链条中各个企业之间信息网络构建及其运用的效率，取决于网络中各个企业之间合作关系的耦合程度。而这一切，又都离不开无缝营销管理。企业之间只有通过对需求信息、存货状况、生产时间安排、开工计划、促销计划、市场预测和货运时间安排等诸多信息的共享，才可以明了整个价值链的价值增值空间。在明晰了可以改进的环节后，各个企业才能通过营销的整合避免成员企业过高的库存、迟缓的市场回应速度和错误的生产销售计划，才可以采取措施改进整个价值链的效绩。

三、合作网络的形成与管理

无论从经济学还是管理学角度上考察，企业合作的目的是相同的，即企业间通过合作建立伙伴关系，在能够合理分工的基础上，在相关的业务活动过程中相互配合，降低其中的协调成本，增加共享受益，从而获取更多的"净竞争优势"，也就是说合作是有条件的，对合作伙伴的选择是有一定限制的，不能盲目地进行合作。

伙伴关系，英文表示为"partnership"，将其准确定义，就是指共生发展的长期合作关系。一般合作关系多是着眼于近期利益，伙伴关系则是追求长期性的合作关系，是谋求未来发展的"同志"关系。一个企业在建立合作网络以前，必须明确知道自己需要什么样的合作伙伴。只有在全面分析了潜在合作伙伴的各个方面并确定其是真正适合自己的合作伙伴后，与其合作才有可能达到预期的成功。具体而言，需要对潜在合作伙伴的以下各个方面有明确的了解：①潜在合作伙伴的竞争地位如何，它进入商务网络的方法是什么，双方的能力是否协调。②合作伙伴的资源潜力怎么样。这要包括主要的许可证和专利及最近的创新。在评估关键技术的传播能力时，要考虑到显性知识与隐性知识的不同。③企业及潜在合作伙伴加入这一合作关系各自的最主要原因是什么，双方的目标是否匹配。④潜在合作伙伴的企业文化（国家文化）和价值观的基础是什么，双方是否存在文化的冲突，如何解决文化冲突。⑤如何才能使双方和睦相处从而获得一个融洽的合作关系。⑥潜在合作伙伴的联盟记录怎么样，在它以前的合作过程中发生过什么问题。⑦什么事情和环境（主要针对合作伙伴）是企业或合作伙伴不能控制的，企业能否容忍这种情况。⑧企业和合作伙伴对未来的预期是否相适应。⑨获得最好的合作关系所需要的管理和经营方式是什么。

究竟是什么因素造就了成功的伙伴关系？瑞克曼提出了三个因素：贡献（impact）、亲密（intimacy）和愿景（vision）。

瑞克曼认为，贡献之源来自组织界限上、巨大而从未使用的生产力宝库。

借此重新思考彼此合作的形态、重新设计组织界限以赋予项目合作伙伴更佳的生产力等，伙伴关系打开了这个源源不绝的宝库，伙伴关系是贡献最大化的利器。开启了这个位于组织界限上的生产力宝库后，伙伴双方可以不断地节省相当可观的设计时间、运送时间并改善产品品质。当双方都愿意就提高生产力的目标来重新思考与改变现有关系时，他们开发了一个新的生产力之源。双方的改变是伙伴关系能获得贡献的基本起点。当双方都愿意重新思考合作的新模式时，成果通常是相当可观的。

成功的伙伴关系会超越商业交易，进入一种刺激且饶富戏剧性的亲密境界。这是一种全新的，我们称之为"亲密"的关系，也是伙伴之间获致贡献所不可或缺的一项要素。亲密使伙伴关系的高度贡献成为可能。亲密与供应商 — 客户形态的传统商业交易关系截然不同。要达到如此的信任程度，要使大客户的销售人员及采购人员必须具备基本忠实与强烈道德感，更重要的是组织之间必须一起学习，为伙伴关系的总体利益而行事。但是让伙伴关系间的亲密有别于传统交易关系不仅只是信赖，还需要专注于共同的利益。这部分是亲密"软性的"且难以量化的因素，此外还有一些"硬性的"因素，伙伴关系比传统的买卖关系更需要组织各层面全方位的信息共享，由伙伴双方定期分享事业与策略规划、机密的成本与定价资料、产业与产品技术专利等。它们所共享的信息超越单项的交易内容，而逐渐延伸至长期的事业焦点。在伙伴关系中，信息与远景、贡献紧密相连；深入地共享信息呈现出清晰的远景，也提供在参与各方问题的贡献面上所需的信息。因此，亲密是成功伙伴关系中相当关键、但也是不容易达到的要素。

当项目参与各方完成结合贡献与亲密的浩大工程后，会赫然发现自己已具备了强大的竞争优势。双方都有共创变革的意愿时，眼前将会呈现无数的可能性。新的潜在商机带来了兴奋与热忱，也伴随着风险与不确定性。伙伴关系对于项目参与各方都有剧烈且深远的影响，因此绝对需要有一个清晰的指引方向，并对于所追求的目标有明确的愿景。成功的伙伴之间心中总有一份共享的指引图，帮助它们为合作的贡献设定期望、衡量评估成效，并让价值发挥到极致。愿景可以彻底转化伙伴双方的组织，引导出一个在独立情况下无法达成的潜在机会。愿景能够使企业借由更紧密的合作促使组织改进效率，并增进双方利益，它可以激励伙伴双方寻求互相合作，并展现合作的成效会远较独立完成的结果大。愿景可能由供应商或客户的组织中产生。从哪一边产生并不重要，重要的是它必须成为共享的信念，才足以维系伙伴关系。瑞克曼认为，亲密和愿景并不像贡献一样，它们并不能直接产生双赢的结果，却是伙伴关系产生双赢的必要条件。可以说它们是实现双赢的潜在原因。

总结瑞克曼的观点，并结合企业合作网络运行的实践经验，成功的企业合作网络应该包括五个要素，即愿景、互信、配合、共享、发展。

1. 共同愿景 —— 合作网络的引导模式

作为长期的合作关系，要有一个有吸引力的、为合作双方或多方所意欲追寻的并共同接受的光明愿景。有此愿景，合作企业才能着眼于未来和大局，竭诚合作。

愿景之所以重要，是因为它提供了"为什么要建立伙伴关系"的答案。在愿景中应明确描述潜在的合作价值，并能拥有足够的引导力，指导大家协调行动。

（1）评估伙伴潜能

愿景提出之前，合作多方必须深思彼此是否有足够的合作价值。

（2）发展伙伴意向

共同探讨可以合作的事业主题，渐渐发展成为愿景，这样可以避免一厢情愿或不切实际的幻想。这是构建伙伴关系的重要步骤。

（3）建立可行性团队

在围绕伙伴意向的初步讨论渐渐成为引导出对潜在价值的共识后，伙伴双方应共同组成工作团队，对伙伴关系的可行性与否进行评估。这是形成愿景之前的必要条件。与此同时，团队成员在他们的企业中也跃居支配伙伴关系的主要角色。

（4）创造共同愿景

一旦双方认为这个伙伴关系确实必要而且可行，它们就必须创造出一个简洁明了、富有感召力的共同愿景，不仅作为合作伙伴的目标，也为双方的合作提供了指引，共同朝着目的前进。

2. 互相信任 —— 伙伴关系的心智模式

信任是合作网络生产率的重要基础。彼此都值得信任、彼此能够相互信任是合作网络的显著特点之一。因此，在合作网络中应建立长期的合作信任关系。如果一方在保护自己的知识和能力不泄露给对方的同时努力学习对方的知识和能力，或在学习到对方的知识和能力之后就马上终止合作，这种机会主义行为实际上是把合作网络看成一次性知识交易，而不是基于长久合作的知识和能力分享。对于合作网络而言，知识转移的效果需要较长的时间才能表现出来。而且在合作网络中的学习效果往往是不对称的，有时会产生一方努力学习对方的知识与能力，而另一方却所获不多的情况。显然，这将使合作网络不稳定，知识和信息转移难以成功，更谈不上通过合作网络来创造新的知识。因此，企业之间只有通过逐步建立起的相互信任，才能够降低协调成本，减少沉没成本出现的概率，从而提高网络。

因此，企业必须改变传统竞争环境下形成的心智模式，以诚信为基础，在愿景一致的前提下，合作各方就可以互相促进、互相配合。没有互相信任的模式，仍用互相怀疑的心智模式看待合作方，那么合作关系是难以形成的，即便形成，也难以持久。要使伙伴关系成功，合作各方的信赖与承诺将是最根本的基础所在。

3. 互相配合 —— 合作网络中的行为模式

在心理上互相信任，在行动上就容易互相配合。特别是在敏捷制造的经营模式中，更要求合作伙伴分别成为彼此的功能单位，在行动上互相依赖。

企业间的合作不同于企业内部分工下的协作，企业内部分工协作可以依据科层结构，通过领导的方式的展开加以完成。企业间的合作没有权威调控系统，依据的是信息、契约等合作平台，以及良好的信任、理解，从而自动地调整企业的行为，在愿景实现上配合整体行动。

互相配合行为的产生，在于愿景描绘合作价值的推动。共同愿景需要共同努力才能完成，只要愿景的价值达到每个合作者的机会主义行为都将导致愿景的破灭，相互配合行动就必然成为理性之举，而为所有的合作者所奉行。

4. 共享信息与利益 —— 合作网络中的分配模式

在企业合作网络里，为客户创造价值，进而缔结长久的关系所需要的是共享有用的信息，因为彼此行为要做到完美的配合。在没有中央权威调控的情况下，只有依靠充分共享的信息充当协调行为的中心。同时，关系资源和网络资源是合作参与者在参与网络后所获得的独特优势。这些资源构成了网络内企业独特的、具有生产性的异质性资源，而且这些资源也是别的企业难以模仿与抄袭的。换言之，网络不仅是对已有资源的重新安排，而且能够产生新的资源，这些资源一经产生便具有一定的稳定性和相对的独立性，既可以被企业共享来发挥作用，也可以被企业单独运用来实现经营目标。因此，网络内的企业应该特别注意对这种关系资源和网络资源的维护。

影响合作网络稳定性的因素有很多，其中最主要的是双方合作过程中的短期行为导致合作关系的瓦解。因为在合作网络中双方的增值结构总是不对称的。合作双方的收益结构有一部分是共享的，其他部分则不能共享。共享收益可能与独立收益存在着此消彼长的关系，这时一方或双方便有牺牲共同利益而让独立部分利益最大化的动机，从而造成双方关系紧张。在合作网络中共同利益的实现需要合作网络中各方的齐心协力。为了共同利益，网络中的参与者不应该再仅仅以对自己是否有利来选择合作策略，而是以对整个网络是否合适来做出选择。这需要双方都着眼于长远的战略利益，求大同存小异，减少短期利益冲突。因此只有通过建立共享利益模式，确立共同发展目标，才有利于合作关系的发展，才能在合作过程中强化各自的竞争优势。

5. 共同发展 —— 合作网络的共生模式

在激烈变动的竞争环境中，竞争优势往往不再仅仅是来自产品的成本和质量，更重要的是企业的创新能力和控制能力。这种创新能力和控制能力往往需要通过在企业合作网络中强化组织学习来获取。通过合作网络，合作伙伴可以学到对方融化在组织之中的知识，从而得到新的组织知识和技能。因此，企业应该通过网络学习尽可能多的新技术和新知识，最大限度地利用网络关系增加内部资源，不断地增强企业自身的竞争优势。这也是企业能够被网络中其他成员中其他企业所接受、所尊重的重要原因。一个没有自身竞争优势的企业是不可能在合作网络中长期存在的。

因此，有长期合作价值且有切实可行的"愿景"，在"互信"基础上"配合"行动，并"共享"合作过程中的利益，有了共同"发展"的动力和实力，企业合作网络便可以形成并逐渐巩固。

第五章 市场营销管理创新路径

第一节 塑造优秀的企业文化

企业文化，貌似不可琢磨，其实在企业内部如同空气一般无处不在。在杰出的高科技企业里，其主要产品既不是顾客所要购买的东西，也不是员工所制造的东西，而是顾客和员工全都融入其中的企业文化。

一、企业文化是什么

特伦斯·迪尔（Terrence Deal）和阿伦·肯尼迪（Allan Kennedy）合著了一部颇具影响的专著《企业文化》。书中给企业文化的定义是"用以规范企业人多数情况下行为的一个强有力的不成文规则体系"。《电子精英的经营智慧》一书的作者杰弗里·詹姆斯（Geoffrey James）将企业文化比作河岸："企业里的行为如同在两岸间奔流的河水。随着时间的推移，奔流的河水将河道冲刷得更深，从而加强了企业文化，不断重复过去曾使企业走向成功的行为。"企业文化，是指一个企业独特的并得到员工认同和接受的价值准则、信念、期望、追求、行为规范及思想方法等。企业文化的基本功能是在企业内形成一种凝聚力，使个人目标与公司目标尽可能一致。从职能上看，企业文化起的是一种非制度的约束和规则作用，它对于不受公司规定和章程约束的东西产生某种影响。

（一）企业文化的特征

1. 企业文化的培育和形成，是一个潜移默化和教育相结合的过程

除了灌输和管理政策的影响，更重要的在于领导的带头作用，公平、公开和公正的价值评价体系、分配体系及员工的相互影响。

2. 企业文化，是一种传统

一个公司的许多做法，如果形成了习惯和传统，就可以称为一种企业文化。

3. 企业文化，是企业获得成功的最主要原因

它是吸引企业员工的价值观念，使职工对企业忠诚，使员工对企业有向心力。价值观是连接感情与行为的员工之所想和之所做的纽带，支配着员工工作的内在动力，文化就是人们解决问题的方式。美国的德尔塔航空公司和其成员之间存在难以见到的特殊关系，公司一贯倡导的企业个人间的合作态度、对生活的乐观展望和为优质服务方面都卓然可见的集体精神。

因为企业经营重点千差万别，所以企业有可能兼容多种企业文化。例如，通用电气可能在研发部有一个鼓励创新的企业文化，而在电话服务部却有一个鼓励尽心服务的企业文化。这些不同部门还同时共享一个整体的企业文化，即鼓励员工勇于奉献的企业文化。企业文化则涵盖一个组织的行为习惯、价值观念和信条。同样，高级经理人的行为强烈地影响着企业文化。通过观察高级经理人的行为举止，员工们判定企业事务的来龙去脉，以及企业决定经营轻重缓急的依据。由此看来，企业文化源自员工对造就企业文化的前提条件、价值观的解释。

管理层所面临的挑战就是带领员工养成一种潜质，这类潜质会促使员工致力于管理层设定的企业价值。企业文化的创立与传递，主要是通过员工分享对企业中发生事件的理解而进行的。一个企业的文化特性，当员工共享他们对管理层的信念时，实际上就变成了这个企业的特性。

（二）企业文化的营销力量

1. 企业文化对企业长期经营业绩有着重大的作用

约翰·科特（John Kotter）在《企业文化与经营业绩》一书中表明：重视所有关键管理要素（消费者、股东和企业员工），重视各级管理人员的领导艺术的公司，其经营业绩远远胜于那些没有这些企业文化特征的公司。在11年的考察期中，前者总收入平均增长682%，后者仅达166%；前者公司股票价格增长 901 %，而后者为 74 %。

2. 企业文化具有凝聚功能

《孙子兵法》在谋攻篇中提出"上下同欲者胜"，就是指全军上下心往一处想，劲往一处使，就能取得战斗的胜利。一个企业必须人心统一，才有凝聚力。人心的统一主要在于两方面，一是思想认识统一，二是情感和谐统一。企业文化为企业员工提供思想模式，使每个员工在认识上趋向于某一个方向或某一个目标，并自觉自愿地为之共同奋斗。特别是在价值观问题上，一定的企业文化能明确提示，企业价值的实现和员工个人价值的实现是互相依存的，即可以使决策者、管理者明确认识到，企业的每一步微小成功和发展都必须依靠职工的才能和奋斗精神，同时也使企业职工明确认识到，每个企业成员个人的事业成功和个性发展，都只能在企业成功和发展的过程中才得以实现。企业的命运和员工个人的命运是紧紧联结在一起的。企业和员工个人之间同呼吸共命运的这种思想认识，无疑是一种强大的内部凝聚力。企业文化还为企业员工提供情感模式，即上下级之间、同事之间，都是志同道合共同奋斗的战友，人与人之间自然产生一种亲近感，而企业伦理道德规则又随时随地调节员工之间的利益矛盾，消融可能发生的一些冲突。对于一个历史较长或成就突出的企业，员工对其还有一层亲切的依赖感、归属感和自豪感。上述这些情感无疑也能提供强大的内部凝聚力。

3. 企业文化具有辐射功能

一种企业文化，总是要在社会公众中扩散的。扩散的途径有三种：第一，通过现场情境感应扩散，比如顾客在购买产品或服务时对文化气氛的实际感受；第二，通过舆论媒介宣传联想扩散，比如社会公众在收视收听或阅读观看到关于企业的介绍报道或某个信息时，心灵中将产生对企业的某种联想印象，这种联想印象中自然包括了对企业文化的品味和感受；第三，通过产品内涵显示扩散。产品除了具有实用价值（包括使用价值和观赏价值），还包含着文化内涵，从产品的形状设计和材料选用直到包装和功能说明等，不仅能显示企业技术水平、人才素质，而且还能显示企业的目标信念、经营信条、管理思想等企业文化底蕴。

二、优秀企业文化的共同特点

（一）乐于接受变化的挑战

谈到"变革就是成长"的观点时，纳拉亚纳·穆尔蒂（Narayana Muethy）说："在我们这一行，技术、客户的业务经营和嗜好都在迅速变化。我们的员工队伍来自不同的文化背景，面对的客户也处于不同的文化背景之中。因此，我们必须具备灵活性和适应性。关键在于，保持一种心态能够接受变化，成功地应变。"

（二）持之以恒提供优质产品或服务

它们能够预期并满足顾客的要求。公司里有着一种与众不同的独特氛围。所有员工都了解和支持企业目标，总能生产出顾客愿意掏钱买的产品或服务。它们不仅时刻检查自己目前的业绩水平，寻求各种方式迅速提高业绩，而且测控各项重要的健康标准。尤为重要的是，成功企业个个经营重点突出、个性顽强、不达目的誓不罢休。它们创建志在成功的企业文化，即成功文化，并认识到改进企业经营方式的道路修远，永无止境。同顾客做有利可图的生意，是成功企业发展的推动力。一般来讲，顾客可以自主选择供应商。因此，想留住顾客并吸引新的业务，企业必须首先争取到为顾客服务的权利。要做到这点，企业只能提供顾客想要的产品或服务，出顾客愿出的价钱，而且要保证目标顾客明白企业所提供服务的好处所在。不仅如此，企业还要信守承诺并预见到顾客未来的需求。

三、创新型企业文化

在这个快速变化的时代，创新能力的强弱与否成了决定企业生死攸关的核心问题。很多企业都在提"创新"，但真正使创新成为核心竞争力的企业却是凤毛麟角。因为"知道"要创新与"做到"创新毕竟是两回事。企业创新能力的培养需要一种能鼓励并宽容创新的企业文化，我们把它叫作"创新型企业文化"，它是指一个企业在"创新"问题上得到了广大员工的认同和接受，使得"创新"观念成为全体员工价值准则、信念、期望、追求、行为规范及思想方法的核心。创新型企业文化的基本功能是在企业内形成一种以创新为基石的凝聚力，使个人目标与公司目标尽可能一致。从职能上看，企业文化起的是一种非制度的约束和规则作用，它对于不受公司规定和章程约束的东西产生某种影响。

（一）创新型企业文化的塑造

许多企业由于抗拒创新，因而变得既僵化又死板，即使是最富有创新的人，在层层束缚下也日渐麻木、自闭。前车之鉴很多，但要避免重蹈覆辙，似乎是知易行难。其中的症结究竟在哪里？规模并不是问题，企业再小，只要它没有创新，满足于现状，就没有前途可言。老板权力一手抓，处处以保守为原则，任何创新的企图都逃不过被全面封杀的命运。这里有两种情况：一是那些初创期的企业，尚没来得及形成自己的企业文化；二是那些有一定历史的老企业已经形成了自己的企业文化，但与创新型企业文化背道而驰。前者是一张白纸，进行创新文化的塑造相对而言会容易一些，而后者必须与根深蒂固的传统文化做斗争，会遇到更多的阻力。企业文化的培育和形成，是一个长期潜移默化和教育相结合的过程。除了灌输和管理政策的影响，更重要的在于领导的带头作用，公平、公开和公正的价值评价体系、分配体系及员工的相互影响。文化，确切地说，是一种传统。一个公司的许多做法，如果形成了习惯和传统，就可以称为一种企业文化。一个公司的企业文化集中体现为它的"企业核心价值观"。

1. 设计一个良好的创新制度保障

海尔鼓励科研人员最大限度地发挥自己的特长，在科研人员把外部竞争效应内部化，每个人的收入不是领导说了算，而是市场说了算，根据科研人员的成果创造的市场效果决定科研人员的报酬，同时借鉴国外高技术公司的经验，海尔在计算机事业部实行科研人员股份制，极大地激发了科研人员的积极性和创造潜能。

2. 建立内部竞争机制

在企业的日常管理中，选择事物的基本方式有两种：一种是"按规定"行事，这是一般理性主义者的方法，即官僚作风的本质——凡事按规定办，不知权宜变通，因此经常看到某企业开发一种新产品或进行管理创新，要经过十多个程序批准才行。另一种是把市场竞争带进公司内部，各部门为了争夺市场竞相开发新产品，IBM 是被公认为最擅长酝酿公司内部竞争的能手，它正式公开地鼓励私下买卖产品构想的交易行为，并主张采取多元化解决方式来处理同一个问题，然后便在公司各部门之间掀起一阵"枪战"，这可是包括软件和硬件的"真枪实弹"的战斗，和普通的只在计划书上"纸上谈兵"的竞争大不相同。

3. 流畅的沟通系统

杰出公司的创新过程中，他们的沟通系统都具有两个方面的特点。

第一，平易不拘形式的沟通方式。美国 3M 公司为了鼓励大家交流、分享知识并超越界线、相互影响，绞尽脑汁运用了不少策略。一般说来，创新人物大多有独行侠的特质，因此要他们自动自发地互相切磋，似乎不太可能。3M 认为，公司需要为他们加把劲，让这些人走出自己的象牙塔，与别人分享知识与经验。3M 就在公司里面设置了交流中心，提供舒适的环境，并供应咖啡，以引诱不同部门的人有空到那儿坐坐，让大家打开话匣子交换意见。

第二，沟通的手段非常激烈而频繁。有家以"通行无阻"的沟通方式闻名于同行间的公司，他们的资深主管只要一到提案讨论会的桌上，每个人讲话的声调都提高了八度，接着声嘶力竭的争论叫喊就开始了，这时各种相关的问题都出笼了，大家肆无忌惮地互相交换意见，只要有异议，任何人都可以随时打断董事长或总经理的发言。

（二）创新型企业文化的维护

在短期内强力塑造的创新型企业文化，必须时刻注意维护它、巩固它，才能使创新成为企业文化的灵魂，否则会使新生事物被习惯势力扼杀在摇篮之中。

1. 企业家要坚韧不拔地率先垂范

企业家的人格魅力是企业文化形成、塑造、定型、强化的基石。在创新的过程中总会遇到很多的挫折，企业家对创新的倡导要自始至终身体力行，可以说，企业家树立什么样的榜样，就会有什么样的工作作风、行为方式，将左右企业员工共同价值观的形成与强化。

2. 各级管理者每天的创新保护检测

管理者每天必须自问：我们有没有给员工发挥想象力的机会？领导者是否以充分的干劲与勇气去防止组织官僚化？我们对源源不断的新点子是否有足够的包容力？通过这种日日反省，时时防止思想上的麻痹大意。身为主管，要做创新斗士的保护伞，使他们免于公司其他员工的干扰，适时把那些干扰者赶出创新斗士的避难巢。

3. 创新文化用企业法律的形式固定化

一旦将创新文化法律化，就不以个人的意志为转移，减少人为的随意性，由人治变为法治，增强其执行中的刚性。

4. 保持创新与财务之间的平衡

企业若要长寿，一方面要看紧"荷包"，保持收支平衡；另一方面则要让员工有足够的空间去追根究底、去尝试错误，并寓娱乐于工作。然而，这两者之间经常会有冲突，互为消长，永无休止。总之，在创新组织中似乎永远充满矛盾：它们若放纵创新人物，任其天马行空发挥想象力，而不看紧荷包，则整个组织很容易便会溃散，被其他谨守节流原则的公司所吞并；可是它们要是紧盯着人，限制一切创新，在未来的科技竞争大赛中势必要处于挨打的地位。为了让企业创新活动能持续坚持下去，要注意三个方面的问题：一是找准创新的突破口；二是从小处着手，朝大目标迈进；三是建立运作弹性。

四、企业文化的变革

企业文化变革的原则：弘扬本企业已有的优秀文化，清除陈腐落后的价值观念和行为方式，吸收先进的经营理念，整合出富有市场竞争力且具有本企业特色的企业精神文化系统；设计推行公司长期《企业文化建设方案》（以下简称"《方案》"）和《企业文化手册》。

（一）具体的实施步骤

（1）实地调研，了解企业文化建设现状，总结本公司已有的优良传统和存在的落后观念。

（2）提炼整合新的企业精神文化系统。

（3）在新的企业精神文化系统的统帅下，从物质、制度、行为、精神四个方面设计出本公司中长期《企业文化手册及推行方案》。

（4）对公司中层以上干部进行培训，吃透内容，融通思想，以保证《方案》的顺利贯彻落实。

（5）利用公司各种组织和舆论宣传工具及不同形式，进行企业文化基础知识教育。

（6）把企业文化的核心思想融入各项管理制度及员工考核办法之中去，通过按制度管理、按程序办事来规范职工行为和促进企业建设。将新的企业文化用企业规程的形式固定化。一旦将企业文化规程化，就不以个人的意志为转移，减少人为的随意性，由"人治"变为"法治"，增强其执行中的刚性。

（7）通过品牌推广和形象塑造，用优秀的企业文化带动企业形象的提升和市场占有率的提高，进一步提高品牌在用户心中的信赖度和美誉度。

（8）通过长期的实践和提升，优秀的企业文化最终成为企业的核心竞争优势和广大员工自觉的行为习惯。

（二）企业文化变革实施要点

当企业考虑实施传统企业文化向现代企业文化变革战略的时候，企业应认真研究企业文化变革战略的实施要点。以下七个要点构成了企业实施企业文化变革战略时需要明白的任务框架结构。

1. 制订计划

企业文化变革应该是一种事先做出的考虑成熟、计划周密的努力，而不是当问题发生时作为补救措施的努力或权宜之计。它要求在制订企业文化变革的计划时运用系统思维方式。管理者必须预计和考虑现在制度中每一个变化，甚至一个微小的变化会如何影响到企业中的其他方面，包括工作汇报关系、部门职能、管理政策、工作联系，甚至包括一些较不正规的社会结构。

一个行动计划的制订必须以收集到的有关文化的数据为依据，计划的制订一方面要考虑原有文化的反抗强度，避免激化矛盾，另一方面必须以企业对变革的承受能力而定，必须受制于像资源、灵活度和时间这些方面的约束。其目的是要利用或保持文化中积极的、有利于团队工作的方面，解决构成阻力的那些方面的问题。若干工作步骤和工作进度应该成为行动中的一部分，这一行动计划可作为向全体员工发布的变革指南运行图。对行动计划中每一个步骤的决定实施结果是依据企业的数据和需要而定的。

2. 取得共识

这一计划要求企业管理者对将来向往的文化状态和翔望的结果认识一致，全体赞成，取得共识，以及对目前的文化现状和为何需要变革也表现出一致的看法。这一步骤首先发生于高层次领导中，其次扩大到整个企业。为了实施这样一场企业文化变革，这一计划需要在思想、行为、赞成程度和力量投入方面表现一致。

3. 人人参与

企业文化变革要求尽可能多的员工投身其中，虽然这一点很有意义，但是传统上企业文化变革这一工作都通常被授予人力资源部或某个被要求完成这项任务的部门，像客户服务部、质量管理部，或是一个企业文化变革机构。将这样一个关键性的变革过程委托于一个部门来承担会极其困难，因而是注定要失败的，这会使企业文化变革仅仅成为一个项目或加添于目前文化状态之上的一个部分。

4. 建立团队

建立现代企业中的团队组织，符合我国传统文化中的集体主义原则。利用团队改造企业文化使之适应团队结构，建立团队是一个简单易行的步骤。积极地团队建成高效进取的一支队伍，以面对企业文化变革的挑战，则是另一部分需要落实的工作。团队不仅必须善于处理文化中需要加以调整的那些方面，还必须改善团队工作的运作方面，发挥出积极作用。成功的要点在于对团队工作的效率提出明确要求，对团队在为达到那些要求而努力时所表现的力量和弱点给予信息反馈，并在团队适应企业文化变革的过程中向团队提供必要的技能。

5. 运用模式

高层管理者在进行企业文化变革时通常会依靠他们自己的本能，他们个人的工作风格和以往工作中的经验。他们应当运用一套模式，这套模式考虑到高层管理人员的一些倾向，并加上了一些必须被做到的要求。为了确保文化中所有需要关注的方面都能按合理的顺序加以处理，拥有一套实施构想是重要而有用的。

6. 坚持不懈

文化的变革需要时间、耐心和不懈的努力，它不能一蹴而就获得成功，它也不是一个"一时冲动的经理"的策略手段。大量的研究说明，一家企业要想真正实现从旧文化向新文化的转变，需要五到十年的时间。我们发现，当人们部署周密，自觉努力，那些企业可能在三至五年中完成这一转变。事先计划的制订能加速文化的变革和简化问题的解决过程。要认识到真正完成变革意味着不再谈论变革，变革已成为新的办事方法，成为企业中人们新的生活方式。要记住进步的发生和进步的结果在变革过程中的每一年都是显而易见的，然而要达到"自然的生活方式"这一现象，需要三至五年的时间，它取决于企业实施变革的不同力度。有趣的是，有些企业有时不会明白自身已经达到了这一境地。佛罗里达律师资格保险基金管理会就是一个例子：当公司进入了企业文化变革过程的第五个年头，在一次例会上，一些管理者不无忧虑地说，人们现在已不再如他们过去那样谈论企业文化变革的问题了。然而管理者又一致认为情形变得很好：人们做到了对他们的要求，他们正以一个高效的企业团队的形式在进行工作，来自客户的信息反馈总是令人满意的，顺应人们希望的结果超过了人们原先的期望。那么还有什么地方不对呢？没有，他们实践了新的文化，新聘员工无从知晓过去的情形不是这样的、老员工记着这一切并真正地欣赏到公司内部行为处事的变化。高层管理集团开始彻底地认识到企业文化变革已经完成了。企业文化变革需要时间、耐心和不懈的努力。它不同于追逐短期迅即收效和季度利润这种自然的企业本能，只要稍稍再坚持一下，就能实施一场会带来巨大效用的企业文化变革。

7. 转变管理风格

适合于团队文化的管理风格需要不同于传统的充满了等级文化的企业管理风格。它包括管理者的不同管理风格，不管他们是负责一个部门、一个分支机构、一个项目还是一个专题团队或一个矩阵组织。尽管在许多企业，人们已经配备了团队和引入了一些变化形式，然而指挥控制的管理模式还是从先前一直贯彻至今。指挥控制管理模式是我国大多数企业至今仍采用的模式。尽管这一模式在以往可能一直奏效，然而它绝不会在必须形成的团队氛围中奏效，也不会促进团队气氛的改善。

指挥控制管理形式是一种令人感到满意的形式。公司的决定和情报受到严格的控制，权力的指派在执行中也是审慎周密的。严加控制的目的是有一个成功的结果，管理者或领导者往往成为一切活动的中心，通过发布指示和指挥的方式，通过信息的交流方式，表现出其独断专行的行为方式。在领导者与员工间存有一段彼此都感觉得到的距离。信任问题经常成为鼓动团队成员和员工努力工作的一个障碍。领导者通常感到只有他自己在为团队或部门的成功承担职责。具有典型意义的是，指挥控制型的领导者强调工作的结果，而从不考虑团队或部门在获得成果时运用的工作手法。

新的企业文化需要朝共同负责、共同决策和共享信息的方向做出一个重大的转变。这意味着领导者必须逐步放弃控制手段，必须对员工进行鼓励，授予他们先前严加控制的职责和权力。他们必须成为企业活动中的协调者，他们要不停地考虑并且提醒他人与他们的相互依赖性。团队型管理模式促使人们乐于承担义务和自我管理，而不是对领导者的依靠，也进一步促进了人们为成功共同负责。领导者依然处于团队的连环之中，而不再成为整个连环，无论他们在场或是不在场，领导者都必须对团队或部门所具有的取得成功的能力保持信心。转变了方向的新的管理模式注重并且赞赏团队协作的过程本身及获取的成果。

合乎情理的是，这些方面的特征并非轻易就能实现。要想达到这一点，人们需要不同的思维方式和行为方式，以及需要新的领导手法和只有经过培训才能获得的技巧。它也需要使领导干部明白必须向新的领导方法进行转变。在某些情形下，替换那些难以重新调整自己或难以放弃以往陈旧工作方法的领导干部，可能是唯一可行的选择。

第二节　建立有效的管理体系

一、员工管理

员工管理的目标是让员工能够自立，或建立就业适应力保障。哈佛商学院的肯特（Kent）教授对此的解释是：员工的就业适应力保障源自其不断上升的名誉、日益丰富的知识及人际关系网的日益积累，使自己总是能够就业，甚至可以自己创业。企业要想稳定员工队伍，必须"投资"创造一种不断学习的企业文化：员工不断学习、企业奖励进步、共同分享所学知识并用所学知识创造新的商业机遇使每个人受益。与此同时，员工也在不断提高自己，使自己成为工作和事业的主宰者。

（一）实施末位淘汰制

每年对所有员工进行考核定级，A、B两级员工进入下一个上升通道，C、D两级的编入淘汰序列。企业中层干部每年淘汰8％，普通员工每年淘汰15％，即由合同制转为临时工，执行这种刚性淘汰法，将文化素质低、专业技能差、事业心不强的员工强制淘汰，末位淘汰制能大大激发职工的活力，形成良好的竞争氛围，促使职工素质不断提高，职工队伍不断优化。这是一种自加压力的竞争机制，同那种"60分万岁"的达标淘汰完全不同的是，刚性淘汰是强中挑强，花中选花，促使竞争者必须最大限度地发挥自己的潜能。

（二）建立全面的个人经营责任制

过去养成的那种"有利时争抢，有责时开溜"的心态，使得很多企业的责任体制尚未形成。大部分人都希望拥有更多的权力，却极力回避权力背后的责任。其实，权力与责任是分不开的，犹如一枚硬币的两面，缺一不可。权力下放和自律经营，"无论干好干坏，成绩和责任全归你"。它的核心内容是把要做的事具体分工到每个人身上，定期管理，定期检查，最后根据其结果进行奖惩。它强调的是怎样在规定的时间内，准确无误地去完成工作，目的在于消除分不清责任的经营死角，通过明确的分工，使这些经营死角不至于没有人去管理。

第一，对要做的事进行分工，指定一个负责人。

第二，把要做的事交待清楚，然后让部下去执行。

第三，对部下的办事结果进行公正的评价。

第四，使整个事业能够创出利润，使企业正常运行。

（三）引入"追根究底"的合理化经营

如何才能在市场竞争中稳操胜券？只有三种办法：一是别人也能生产的东西就要看谁的成本最低；二是如果成本是一样的，那么要看谁生产的东西质量最好；三是如果质量也都一样的话，就要看谁先生产。

（四）建立提案制度

建立提案制度的目的在于调动职工参与企业管理的积极性，发挥集体的创造力，改善经营管理，提高生产经营效率。提案可以是职工个人下功夫想出来，也可以是质量管理小组集体提出来。提案的提出步骤如下：①确认问题是什么；②调查产生问题的原因有哪些；③提出解决问题的可能办法；④分析挑选出最佳的办法，并投入提案箱。

提案的审查步骤如下：①每个月的第一天，各分厂、各车间、各部门收集职工的提案，并在提案记录本上登记；②各分部就提案进行充分的调查、审议，一个星期内结束；③审查结果用提案审查一览表在公司内部广泛发布；④决定采用的提案，通过审查员很快使其落实；⑤除奖金之外，还有其他种类的表彰，如对优秀提案每月末举行表彰仪式。

二、营销基础管理

（一）合同管理

很多企业的合同管理都不健全，从而给客户管理带来不必要的麻烦。合同是在客户管理中最有约束力的法律文件，是管理的法律依据。

1. 建立规章制度

企业应要求所有有业务往来的客户都签署合同，没有制度约束，就很难落实到实际工作中去，同时规定合同的签署流程，确保合同的严肃性、科学性，堵塞漏洞。

2. 建立标准、规范的合同文本

标准的合同应至少包含以下内容。①标的：商品的品种、品牌、规格、数量、价格等；②质量要求；③发送：送货时间、收货地点、运输方式、费用支付等；④验收；⑤经营权限：经营级别、总经销、分销、区域划分、品种划分、年限划分等；⑥结账方式；⑦经销政策：返利、年奖、促销、广告、人员等；⑧订货、退货规定；⑨违约责任及纠纷处理；⑩签约时间、地点、生效期；⑪甲乙双方标准名称、详细地点、联系方式、法人代表、签约代表、账号、开户行、税号等。

在拟定标准合约时，首先考虑实际内容、文字处理，其次考虑美观，将文件制作得规范漂亮一些，很能展示公司形象。

3. 专人管理

合同必须由专人保管，一方面是因为涉及商业秘密，另一方面也是为了便于使用。由专人分门别类建立档案，集中保管，才能保证合同的严肃性、完整性。

（二）销售计划及记录

经销商的业绩好坏，主要是通过销售记录表现出来的，只有有了销售记录，我们才能随时了解每个经销商的销售，研究销售工作的进展状况。

在营销工作比较到位的情况下，营销部门应针对每个经销商每月制订一份销售计划，用以指导经销商有序地开展工作。销售计划主要有：销售目标（品种、规格、数量）、进度计划、销售支援等内容。

销售记录是经销商销售的最基础的资料，也是最有用的资料。主要内容有：进货时间，进货品种、规格、数量、金额，结账情况，欠款情况。这些内容要求有详细记录，有明细，有合计、累计，还要同计划进度做比较。通过销售记录，我们可以知道产品的销售情况、市场成长的快慢，区分经销商的优劣，从而有针对性地采取措施，并为今后制订计划奠定基础。

由于受管理技术和管理思想的影响，一般做销售记录，只能跟踪到总经销一级，如果条件允许，可以将销售记录跟踪到二批、三批、零售终端，甚至消费者，跟踪得越深入，对管理越有帮助，便于总结经验。

在客户资料管理中，采用手工方法，工作量大，又无法及时统计查询，大大降低了资料的使用价值。如果采用计算机管理，便于将信息价值挖掘到最大限度。还可以采用电子地图技术，将客户的各种信息在地图上准确显示出来，增强信息的时效性和便捷性。

（三）分销管理

经销商管理的好坏最终会体现在经销业绩上，而经销商的业绩则体现在分销的深度和广度上。分销管理就是给经销商提出分销目标，制订分销计划，并协助经销商达成分销目标。

分销的主要对象是二批和零售店，目的是扩大市场占有率，扩大和消费者的接触面，增加购买机会，尽最大可能扩大分销深度和广度。分销管理要求在做分销工作中抓好分销商建档工作，给所有的分销商建立档案，并做好销售记录，制订拜访计划，同分销商建立客户关系。

（四）经销商支援

1.广告促销活动

广告促销是销售活动中最基本的销售行为，伴随着整个销售过程，也是销售费用的大头，因而应认真管理。管理的重点是制订活动计划和费用预算，所有活动都要制订计划，公司批准后方可执行，并严格按照预算支付费用，谨防广告促销费用成为"无底洞"。进行广告促销之前一定要考虑效果，谨防无效果的广告促销。事后进行考核，如果效果不好，应追究当事人责任，保证广告促销的严肃性，活动方案和考评结果要存在经销商档案中。

2. 人员支援

由于经销商往往经营多个厂家的产品，在经营过程中很难对一个品牌注入更多的精力。要想使自己的品牌多一些销量，人员、车辆支援是对经销商的最有效的支援，在实际工作中，根据实际情况决定是派业务员，或是派业务主管，还是在当地招助销员。

（五）建立沟通体制

同经销商沟通的目的是加强经销商同企业的联系，提高经销商的积极性。提高经销商的积极性最基本的要求就是加深业务员和经销商的感情，同经销商交朋友，最终成了朋友，经销商自然就有了积极性。和经销商交朋友，不是简单空乏的一句话，一定要拿出实际行动，设身处地为经销商着想，用真心真情来换取经销商的积极性。确保经销商的积极性就要确保经销商的利益。经销商讲感情，但更讲利益，只有有了利益保证，感情才有依托。不讲利益只讲感情是长久不了的，确保经销商的利益就要维护好市场，保证产品质量，及时推出适销对路的新产品。

我们还可以采取多种措施来刺激经销商的积极性，比如年奖政策、返利政策等。

企业同经销商的沟通渠道一般有这样三种形式：一是内部刊物，用于收集发布客户意见，公布公司政策，由专人负责，接受客户的书面材料；二是业务座谈会，季度、半年度或年度召开业务座谈会，直接面对面沟通，收集客户意见，探讨公司发展思路，安排下一步工作；三是主管领导拜访计划，由主管领导定期或不定期对客户进行拜访，收集意见，了解情况，消除企业同经销商的隔阂。其中，座谈会是一种非常有效的沟通形式，如果有可能，每月进行一次，会有很大收获。

建立沟通体制应当制度化、日常化，作为客户管理的一项日常工作来抓，确保沟通工作的有效展开。

（六）预警管理

客户预警管理就是根据客户管理中发现的一些异常现象，纳入预警处理程序，从各方面予以关注，及时调查分析原因，给予解决，将问题最终消灭在萌芽状态。

1. 外欠款预警

公司在客户资信管理方面给每个客户设定了一个授信额度，当客户的欠款超过授信额度时，就应当发出警告，并对此客户进行调查，分析问题原因，并及时回款，避免出现真正的风险。

2. 销售进度预警

根据销售记录资料，当客户的进货进度和计划进度、同期进货量、进货频率相比有下降时，都应发出警告，并通知有关人员对此情况进行调查，找出原因，并拿出相应的解决办法，防止问题扩大。

3. 销售费用预警

公司应在客户档案中记录每一笔销售费用，当发现销售费用攀升或超出费用预算时发出警告，并及时中止，做出相应的调整，防止陷入费用陷阱。

4. 客户流失预警

根据销售记录资料，当客户不再进货时即被视为客户流失，就应发出预警，公司即可及时进行调查，并采取对策，防止客户再度流失。

5. 客户重大变故预警

根据业务人员汇报的情况，当客户发生重大变故时，即发出预警，有关部门关注此客户的进一步变化，以防止出现风险。预警管理同客户基础资料管理密切相关，可以利用电脑设计一套自动信息管理系统，能针对客户资料发出预警，大大提高客户管理的效率。

（七）售后服务管理

售后服务管理的主要目的在于解决客户的后顾之忧。主要有以下三个内容。

1. 退换货管理

由于市场变化很快，或者由于对市场把握不准，客户经常有需要退货或换货的时候。对于客户的退换货要求，如果没有特殊情况，都应无条件满足。根据客户的不同情况，规定不同的退换货时间，以防止不良客户恶意退换货的行为。

2. 维修或调换包装服务

客户往往不具备产品的维修服务能力，企业应提供这方面的支援。在产品的销售过程中，会出现包装破损现象，应根据实际情况予以调换。

3. 客户投诉管理

忽视客户投诉会导致客户的抱怨，在管理中应将客户投诉管理纳入日常工作，由专人负责。对于投诉事件要做详细记录，并进行相关调查，再请有关领导批示处理意见，最后通知客户处理结果。无论处理得怎样，都应及时给客户反馈信息，最忌讳投诉没有下文，这样会造成投诉升级。所有投诉记录都应保存完好，存档备查。客户群体是一个企业的利润中心，管好了客户就是管好了"钱袋子"。客户管理的核心是制度化、日常化、规范化、专人负责。

第三节　制定适当的营销战略

一、营销战略中五种力量的分析

在《竞争战略》一书中，波特在分析行业或市场部分的结构方面，形成了一种框架，对于在行业中的操作者很具吸引力，这种分析的目的是提示在相同的市场中生产相同的商品或提供服务的集团。波特的研究集中分析在行业发挥竞争力的问题上，它真正的意义是使管理层能从更广泛的角度去观察所在的行业，通过评价行业中作用力发挥的相对强度，产生对竞争环境新的、更重要的认识，最终能帮助构建出较好的竞争战略。

波特指出了在行业运作中有五种竞争作用力，共同决定了行业的利率。

这五种竞争作用力具体为：现有对手的竞争、进入壁垒、买方砍价能力、供方砍价能力、替代品压力。

（一）现有对手的竞争

现有对手的竞争是指行业中竞争行为的强度，它主要是现有竞争对手以人们熟悉的方式争夺地位，战术应用通常是降低价格、产品引进、广告战、增加对顾客的服务及保修业务。某些竞争形式如价格竞争颇为典型，是极不稳定的，并且从利润率的角度看，很可能导致整个行业受损。竞争很容易并很快导致价格削减，这种情况一旦发生，所有公司的收入都会减少，除非该行业的需求对价格的弹性很大。大量的事实说明，行业竞争应是适度的。

1. 产业增长缓慢

如果需求降低，公司只能靠从竞争对手手中获取市场份额来保持原来的增长率。这就意味着公司要用削价或其他方式去提高销售量，这无疑会加剧竞争的激烈程度，需求减少会导致竞争活动的异常激烈，尤其是存在壁垒的情况下，它们的财力与管理资源可能在产业的扩展过程中被全部占用。

2. 高固定成本或高库存成本

当存在剩余生产能力时，高的固定成本对所有企业产生巨大压力，要求其充分利用生产能力并由此往往迅速导致削价行为的升级。因此，一旦需求下降，公司就用削价或其他办法来保持销售水平。有一种情况涉及高固定成本，这就是当产品一经生产便很难储存或库存成本很高。在这种情况下，各个公司也容易改变价格的倾向以确保销售，这种压力使有些行业利润很低，在易腐产品行业里，容易出现类似相同的情况。

3. 无法预测的、种类不同的竞争对手

当行业存在众多的公司时，喜欢自行其是的公司往往很多，有些公司或许习惯地认为它们可能采取不被人们预料的行动，如果来自其他国家或其他行业的新的进入者，它们不按规则操作而自行其是，则会导致极度易变的竞争环境。

4.歧异或转换成本欠缺

转换成本发生于买方由一个供方向另一个供方转换的过程中。如果产业中转换成本很低，买方可自由转换而没有任何壁垒，或者习惯于原有工作，同时供方又是特定的，转换成本则是不可知的。

5.商业产品

公司通过建立自己的知名品牌以区分于其他产品，或者能提供种类不同的产品，就可以不用畏惧竞争，因为它能够在需求市场上独霸一方。同样，产品越接近商业化，公司面临的竞争越激烈，因此名牌可以减少竞争，因为它能突出差异性，当消费者想要转向另一品牌的商品时，至少会产生心理上的转换成本。

6.周期性波动导致生产能力过剩（大幅度增容）

有些产业中规模经济性要求必须要进行大幅度增容，这样会造成产业供需平衡的长期破坏，尤其是具有大批量增容风险的行业。行业或许还会面临周期性生产能力过剩和价格下跌。

7.高额战略利润

如果在某一行业中取得成功，会对许多公司产生很高的战略利益，则那里的争夺活动将更加变化无常。一个多元化经营的公司可能将成功的重点放在某一特定产业中，以推动公司整体战略的成功。在这种情况下，这些公司的目标可能不仅是多元化的，而且带有突破性，因为它们只求扩张并含有牺牲其利润的潜在意向。

（二）进入壁垒

如果产业中有新的对手进入，它们要有附加的能力，如果吸引它们的需求没有增加，它们就要竞争去赢得现有的需求。要想在这种条件下进入某行业，它们或者采用低廉的价格，或者提高产品的吸引力，或者两者兼备。新的进入者进入市场的最终影响可能是使行业整个获利水平较低。进入受现存的壁垒的阻碍，阻碍的根源来自大量的资源，对于一个产业来说，进入威胁的大小取决于呈现的进入壁垒加上准备进入者可能遇到的现存守成者的反击。如果壁垒高筑或新进入者认为严阵以待的守成者会坚决地报复，则这种威胁就会较小。进入存在的壁垒有以下几种。

1. 规模经济

如果在运行中以成本优势获取进入，那么新的进入者要有相匹配的规模，否则就会有较高的单位成本，将限制其获利能力。规模经济表现在一定时期内产品的单位成本随总产量的增加而降低。规模经济的存在阻碍了对产业的侵入，因为它迫使进入者或者一开始就以大规模生产并承担遭受原有企业强烈抵御的风险，或者以小规模生产而接受产品成本方面的劣势，这两者都不是进入者所期望的，规模经济几乎可以表现在一个企业经营的每一职能环节中，包括制造、采购、研究与开发、市场营销、售后服务网、销售能力的利用及分销等方面。

2. 经验优势

在某些业务领域中，存在一种人们注意的趋势，即在一种产品的生产过程中，产品的单位成本随着公司积累的经验的增加而下降。经验增加会带来很多有效的处理问题的方法，经验意味着某些特定的技术改进，成本随经验的增长而下降并不涉及公司整体，而是起因于构成公司的各个经营和职能部门，经验能够降低市场营销、分销及其他领域，如生产或生产中的经营管理费用。并且，每一个成本项目都要经过经验效果的检验。这种共享学习的情况提高了进入壁垒的可能。

3. 获得专有技术

公司保护子公司免受进入者的威胁，利用运行阶段现有的知识和特殊的技能来产生进入壁垒。

4. 进入的资本成本

竞争需要大量的投资构成一种进入壁垒，特别是高风险或不可回收的前期广告、研究与开发及建立销售网等，巨大的资本成本可以限制一些潜在的进入者，即便资金市场上可以提供资金，将这些资金用于产业进入意味着较大的风险，这种风险反映在试图进入者必须付出一定的风险溢价，这些构成了产业中现有企业的优势。

5. 获取分销渠道

新的进入者要想说服零售商采用其产品是一件困难的事情，在某种程度上产品的理想分销渠道已为原有的公司占有，新的公司必须通过压价、协同分担广告费用等方法促使分销渠道接受其产品，它们要对零售商承诺进行促销，并做出强劲的销售努力或采取其他办法。如果所有的主要分销渠道都对新进入者关闭，它们只有增加费用以建立自己的直销网络。

6. 高额的转换成本

如果消费者在转向新的产品时将蒙受高额的转换成本，此时将会产生进入壁垒。转换成本是买方由从原供方处采购产品转换到另一供应商那里时所遇到的一次性成本。可以包括雇员重新培训成本、新的准备成本、检验考核所需的时间及成本，由于依赖供应方工程支持而产生的技术帮助的需要，产品重新设计，甚至包括中断老关系需要付出的心理代价。

（三）买方砍价能力

买方的产业竞争手段是压低价格，要求较高的产品质量或索取更多的服务项目，并且从竞争者彼此对立的状态中获利，所有这些都是以产业利润作为代价的。产业的主要买方集团每一成员的上述能力的强弱取决于众多市场情况的特性，同时取决于这种购买对于买主整个业务的相对重要性。

（四）供方砍价实力

供方可能通过提价或降低所购产品或服务质量的威胁，来向某个行业中的企业施加压力，供方压力可以迫使一个行业因无法使价格跟上成本的增长而失去利润。这种情况通常发生在下述环境中：①购买对供方来说很重要；②供方集团的产品已经歧异化或已建立起转换成本，买方面对的产品歧异或转换成本消除了它们利用供方矛盾的可能性；③可供选择的供方很少；④对供应商来说，任一购买者都不是最重要的顾客，当供应商在众多产业中销售产品，而某一具体产业在其销售额中比重不大时，供方往往会显示其实力；⑤供方集团表现出前向整合的现实威胁。当存在实际风险时，供应商决定前向一体化，即汽车制造商所产汽车不再经过经销商销售，而是建立自己的分销子公司。

（五）替代品压力

替代品是满足购买需求的另一种方式。价格上涨导致原来忠实的顾客转向了替代品，从这个意义上说，没有一种东西具有与替代品相同的效果，因为两者代表着市场的有效需求的下降。对一个产业界限的定义。它的艺术性高于科学性，决定性的因素是对产业具有的吸引力要能精确地判定。如果以产品为基础定义一个产业，这样会太狭窄了，而且是一种冒险，分析就会忽视竞争环境中最关键的方面，某些产业有地理上的不完整性，每个地方有一个或两个生产者。因此，对五种作用力的分析中一把关键性的钥匙是选择产业界限。市场不是随意确定的，它是"战略性市场"。它是否是地方的、区域的、国家的、全球性的，市场的特征将决定这些类型的市场中的哪一个市场适合进行专门的分析，采用五种作用力分析法必须从不同的方面予以表现，如果这种分析是有价值的，就能对竞争战略的产生提供帮助。替代品的威胁在下列三种环境中很大：①有很多相同的有效成本方法满足相同顾客的需要；②顾客转向替代品的转换成本低；③顾客对高价很敏感，而替代品价格低。

（六）五种作用力分析法的优点

五种作用力的框架设置有其优越性，运用这种技能的一个主要优点是它为管理者在考虑竞争环境问题方面提供了一个框架。研究每种竞争作用力时可以根据上述内容，某些方面与产业相关性很强，某些方面相关性不强。通过这些分析可以判断产业种类。

如果两组或两组以上的管理者独立地开展这种分析将会非常有益，这样做会产生不同的观点，对这些观点进行讨论，当讨论达成一致时，就会对所做的判断充满信心。

在许多情况下，对行业或市场进行系列化分析是很有必要的。首先是分析整个行业，其次分析某些特殊区域，在第三轮中要分析未来某给定时点的行业情况，在分析中将动态因素引入静态研究之中。这种方法有益于帮助我们定义战略区域，加深对影响竞争环境主要力量的认识，并且揭示出通过我们的积极作用，哪些力量最终能转变成为对我们有利的力量。例如，通过树立卓越的品牌，提供转移成本或对新的进入者建立更大的障碍。

有的时候，对每种力量的强度进行排序，将有助于集中研究每个区域中的主要竞争力量，比较每个区域的吸引力。简单的评分办法是，给弱力量定为 1 分，给强力量定为 5 分。依据这种方法，"有吸引力"的行业可得 12 分或 12 分以下。这种方法的不足之处是忽略了某些重要力量的强度，因此在一个专利主导的行业中，进入障碍或供应商的议价力量的强弱程度超过平均强度。

（七）战略集团

这种环境里，可能出现由相互竞争的公司组成的战略集团。如果它们想在竞争中取胜，则必须要了解自己的优势及集团中其他成员的劣势。战略集团可以用很多种方法来定义，最有用的定义是集团在特例的竞争市场中要彼此了解，它们通过移动壁垒将自己与其他类似集团分离开，这样的壁垒从一个集团向另一个集团变化，一个集团的不同公司在变化程度上是相关的，这些壁垒反映了市场的结构特征，阻止或限制战略集团之间的相互结合。移动壁垒包括政府许可证所有权的获得、控制分销、市场营销能力、规模经济、专利技术等。不同的战略集团有不同的移动壁垒，战略集团基本概念的重要性是针对其他成员或者是集团的潜在成员，它们对竞争对手的分析是直接的。

（八）竞争对手分析

市场环境对辨别机遇是一个显而易见的条件，然而对于确切的竞争定位，就需要更详细和专业的竞争种类的分析，这样就要实施五种作用力的分析，分析中要利用公司主要竞争对手的精确资料。竞争对手组成了环境的关键部分，了解它是很关键的，主要表现在以下三点：①试图预测它们的未来战略；②确切地评估它们对你的战略性转移的可能反应；③分析它们实现可持续竞争的能力，尽管在战略制定中需要深入分析竞争对手是很明确的，但在实际中这一分析有时做得并不清晰和全面。进一步的难题是对竞争对手深层次分析需要大量数据，而大部分数据不经一番努力是难以得到的。许多公司不是系统地收集竞争对手的信息，而是靠每个管理者得到的关于竞争对手的传闻、臆想和直观感觉来采取行动的。由于缺乏有用的信息，对竞争对手进行深入的分析就非常艰难。因此，为了切实有效，需要有一种组织机制——某种了解对手的情报系统，以保证工作的效率。竞争对手情报系统的基本组成必须根据公司的特殊需要，根据其所处产业、员工能力，以及管理者的兴趣与才干的不同而定。实际中，人们可能观察出各个公司用不同的方式完成这些职能工作，每一项职能工作可能通过几种不同的方法完成，不把资料用到战略的制定中去，收集资料就只是浪费时间，所以必须用创造性的方法把资料整理成简明扼要、可用的形式，呈送给高层管理人员。无论选拔的竞争对手情报收集机制如何，一个正式的机制都将会带来很大好处。

对竞争对手的分析有 4 种诊断要素：未来目标、现行战略、假设和能力。对这 4 种要素的理解，可达到事先对竞争对手有概略了解，大部分公司至少对于现行战略、强项、弱项有一些直观感觉。在讨论每个竞争对手的分析要素之前，需要首先确定应当考察哪些对手。显然，对所有重要的现有对手都必须进行分析，同时分析那些将会走上舞台的潜在竞争对手也非常重要，预测潜在竞争对手并非是一种容易的事，但是可以从以下各类公司中被辨识出来：不在本产业但不费力便可克服进入壁垒的公司；进入本产业可产生明显协同效应的公司；其战略的延伸必将导致加入本行业竞争的公司；可能前向整合或后向整合的客户或供应商。另外一种有潜在价值的做法是预测可能发生的兼并或收购，无论是在现有竞争对手中发生的，还是在行业外公司发生的。兼并可立即把弱小的竞争对手推至令人瞩目的地位，或者加强已经不好对付的对手的力量。预测行业内的收购目标可以以它们的所有权情况为基础。

首先，对竞争对手未来目标的分析。对竞争对手目标的了解有助于预测它对战略变化的反应，有助于解释竞争对手的初步行动，有助于确定母公司是否会全力支持下属公司所采取的行动，或确定它是否愿做下属公司报复竞争对手行动的后盾。了解竞争对手的目标．就有可能使每个公司都找到自己满意的位置，当然这种位置不会是永远不变的，特别是要考虑到新进入者可能会尝试进入一个经营良好的行业。大多数情况下，公司不得不迫使竞争对手让步，以便能实现其目标。对竞争对手目标的分析可以帮助公司避免竞争对手为达到其主要目标而引发的剧烈竞争。

其次，第二个分析的关键性因素是辨识每个竞争对手的假设：竞争对手对自己的假设；竞争对手对行业及行业中其他公司的假设。每个公司都对自己的情形有所假设，假设将指导它的行动方式和对事物的反应方式。

再次，对竞争对手分析的第三个要素是列出每个竞争对手现行战略。非常有用的一种方法是把竞争对手的战略看成业务中各职能领域的关键性经营方针，以及了解它如何寻求各项职能的相互联系，这一战略可能是显示的，也可能是隐式的。

最后，对竞争对手实力实事求是地评估是竞争对手分析中的最后考察步骤。竞争对手的目标、假设和现行战略会影响它反击的可能性、时间及强烈程度，而其强项与弱项将决定它发起或反击的战略行为的能力，以及处理所处环境或产业中事件的能力。

对于每个重要的现存和潜在竞争对手的分析，可用来作为预测未来行业的重要资料。如果归纳出每个竞争对手对变化的反应能力和可能采取的行动，并把竞争对手看成在此基础上相互之间施加压力，就可以回答下列问题：已鉴别出来的竞争对手可能采取的行动所产生的相互作用意味着什么；这些公司的持续增长速度是否与行业预测的发展速度持平，是否有差距并将引来新的进入者；这些行动结合起来是否揭示了产业结构。

我们用五种作用力来进行市场环境分析．也可以用来评估产业的相对竞争力，买方和供方的议价能力，以及由新的竞争者在市场上销售相同产品或替代产品而带来的威胁。这个方法可以帮助我们得出关于基本作用力的有价值的认识。

竞争对手分析可以准确地判断出竞争者的优势状况，要求发现关于竞争对手的大量基本事实，以便以后更好地了解它们，这些事实中最重要的是竞争对手的市场作用力、它的现行和未来战略、它的文化和基本目标。

二、战略转折点的察觉与决策

进入 21 世纪以来，企业经营环境的"乱气流"增大，其变化有如下四个显著的趋势：第一，环境变化的新奇性增大。主要是指从未发生过的变化增多，使得企业过去的成功经验无法应付环境的变化。第二，环境变化的强度增大。指企业为了应付各种环境变量（供应商、顾客、股东、政府、竞争对手等）而花费的精力、资源增大了，使得企业在处理问题的过程中运作成本增加。第三，环境变化的迅速性增大。主要指科学技术的突飞猛进所引起的产品生命周期大大缩短，让新产品迅速成为过时货。第四，环境变化的复杂性增大。主要指环境变量增多，以前与经营管理关系不大的因素也在施加影响力。企业随时随地都面临着环境的巨变，而每一次巨变都将带来新旧交替，对战略转折点的思考，有助于我们的企业在日益激烈的竞争中求得生存。

（一）何谓战略转折点

英特尔公司前总裁安德鲁·葛洛夫（Andrew Grove）在《只有偏执狂才能生存》一书中多次谈到战略转折点的重要性。他在书中下的定义是："就是企业的根基所在即将发生变化的那一时刻。这个变化有可能意味着企业有机会上升到新的高度，但它也同样有可能标示着没落的开端。"什么是转折点？数学上，当曲线的斜率变化比率开始改变，比如由负转正的时候，我们就遇到了转折点；物理学上的转折点，是指凸面线转化为凹面线的那一点，曲线经过转折点之后，开始改变原来的方向而向另一方向弯曲。

企业的战略问题也是一样，在转折点上，旧的战略图被新的所代替，顺应了潮流，就上升到一个新高度，反之如果逆流而上，可能就此滑向低谷。换言之，当战略转折点出现时，各种因素的平衡无论在结构、竞争方式还是企业经营模式上都会被重新打破，而实现新的组合。战略转折点常常由技术变化引起，但又不局限于技术变化层面。这种力量是在暗中渐渐地聚集起来的，人们知道有变，却不知道什么在变。没有人会事先敲响警钟，提醒某人已站在转变的边缘，这是一个渐变的过程，各因素悄悄聚集，并开始改变企业的特性。中间的转变过程潜移默化，扑朔迷离。从前的管理手段无一奏效，企业失去了对经营的控制。如果放任自流，战略转折点就会置人于死地，那些在面临战略转折点而没有顺应变化的公司，往往成为战略转折点的牺牲品。这样的转变给企业带来了深刻的影响，企业对这个转变的处理决定了企业的未来。

（二）战略转折点的及时察觉

由于内外部环境的变化是一个潜移默化的渐进过程，因此当局者像"煮青蛙现象"中所描述的那样，对逐步加热的水毫无察觉，还在水中悠闲自得地游着，全然不知道灭顶之灾行将来到。企业家在经营过程中对外界环境的变化也往往视而不见，以致对何时出现"战略转折点"无法及时察觉。

（三）适时实施战略转移决策

由于企业所面临的竞争环境具有信息不完全、情况不明确的特征，在这种艰难险阻之中果断地做出正确的战略转移决策，是对企业家功力的严峻考验。这里包含两层意思：一是能否做到"该出手就出手"；二是出手的方向与策略是否对头。

1. 勇于质疑自己

进行战略转移对企业来说是一场痛苦的体验。因为这时你必须对过去成功的经验进行否定，离开自己熟悉的领域，特别是那种被动实施战略转移，更会遇到内部极大的阻力和内心痛苦的挣扎，甚至在人才和资金上要付出很大的代价。

利德尔•哈特（Liddell Hart）在其所著的《战略论》中十分透彻地讲道："在任何情况下，只要存在竞争对手，就要设想几种行动方案。无论在战争时代，还是和平的生活时期，都要遵循一条原则：只有'适应'才能'生存'！"

2. 掌握战略转折的方法论

第一，决策者要通过直接和间接的调查研究，熟悉消费者、竞争对手等各方面的情况，包括目前的情况和在发展中可能出现的情况，这是进行分析和综合，认清主要矛盾，抓住战略枢纽的关键。情况明确，才能决策准。

第二，对认识和掌握的情况进行具体分析，认真鉴别比较各种复杂的现象、情况和问题，找出事物的本质和核心。

第三，全面地看待问题，观察问题要避免一叶障目而不见泰山，忌带主观性、片面性和表面性，要克服经验主义、教条主义和官僚主义，要有高度的责任感。市场竞争的实质是企业和竞争对手争夺顾客，所以如何去满足顾客变化的需求就成为战略转折的核心内容。

3.具体规定战略转折的目标、内容和方法

战略转折的目标确定后，还需要将其进一步变成行动方案，规定其完整、系统的具体内容和方法，如英特尔为了掌握市场主动权，从而更加有效地驾驭众多计算机用户大张旗鼓地宣传"intel inside"，当时很多行内人士看不懂它为什么要跟消费者直接沟通，因为这不仅要花钱，而且买它的产品的也不是最终消费者，而是供应商。后来英特尔还逼着电脑供给商一起跟它做广告，供给商打广告，它补贴一部分费用。英特尔还规定，所有平面广告中它的标志不能比供给商的小，而且要在显著的位置。很明显，英特尔是集中所有客户的广告同时替它做广告，英特尔利用这个营销创新，获得了最大的利益。

三、不同生命周期的营销战略选择

（一）市场生命周期与营销战略选择的关系

"战略"一词源于希腊语，意为"将军的艺术"，而营销战略则是指一个企业为使其自身与营销环境相适应而制定的行动方向。具体地说，即企业要运用自己的资源，既满足顾客需求，又形成相对于竞争者的优势。营销战略中有一个重要的概念是战略自由度，战略自由度是指围绕一个由顾客需求决定并在企业取得成功的过程中发挥关键作用的因素所采取战略行动的自由度。形象地说，是指能由此而导出的切实可行的方向线。市场生命周期是由技术与需求共同作用而成。具体地说，就是在需求发展变化的同时，各企业分别以其拥有的资源，尤其是技术（包括生产、销售等技术）满足顾客需求，从而使市场依次经历导入期、成长期、成熟期、衰退期四个阶段演变的动态变化。

不难看出，市场生命周期是不同于产品生命周期的。产品生命周期集中研究某个产品或某个厂牌，描述的是产品导向的情况；而市场生命周期是研究整个市场的动态变化，描述的是市场导向的图像，它更能准确地反映出企业满足顾客需求的整个过程。

在明确了相关定义后，我们将从市场生命周期与营销战略二者关系上来探讨市场生命周期中进行战略选择的必要性。

1.市场生命周期是营销战略选择的基础

企业依市场而存在，市场变化左右着企业的活动，企业必须在原有市场或新市场上提供适当的技术，满足顾客不断发展变化的需求。市场生命周期的动态变化要求企业预测未来需求、检查自身状况、应付竞争对手、决定发展与放弃等有关问题，它所表现出来的就是营销战略的选择。

2.营销战略能在一定程度上影响市场生命周期

企业应把市场生命周期视作机会而不是既成事实加以利用，需求是发展变化的，但这种变化往往表现得不够明显，企业要善于发现潜在需求并开发技术（包括生产技术革新或发明、营销技术革新等）来满足，这无形中也就影响了市场的演进。同时企业还可通过对其他一些外部因素的控制来影响市场生命周期。若企业能认识到这一点，那么其制胜的营销手段就不仅是发现机会，而是创造机会。

3.市场生命周期要求企业必须进行战略选择

从市场生命周期的原因看，技术需求的共同作用可能使市场发生渐进变化或突变，这种变化对企业有着不同的影响，拥有良好的预警系统及应变能力的企业可能因此获益，而反应迟钝的企业可能失败，这要求企业必须有一套为战略而设置的信息系统，了解市场生命周期变化，进行正确的战略抉择。从市场生命周期的过程看，市场经历导入期、成长期、成熟期、衰退期四个阶段，各有其不同的市场条件——企业地位、竞争者状况、需求状况等对企业的营销活动有较大影响，企业在不同的阶段适应不同的市场条件，即战略选择要适应市场生命周期变化。

4.市场生命周期不仅决定营销战略的选择，还决定战略实施的时机与节奏

从市场生命周期的角度来进行研究的目的，是从更高角度进行战略的实施，了解实施结果与预想的差异——迅速地得到反馈。市场条件与企业决心的结合，就成为决定进入或退出市场的时机、方式的关键要素。

（二）市场生命周期中选择营销战略所应考虑的因素

营销战略由三个要素构成：顾客需求、竞争者、企业自身。这被大前研一称为"战略三角形"。从逻辑上讲，营销战略的任务就是要在关键因素上，取得相对于竞争者的优势，同时，必须使公司力量与某一确定市场的需求相适应，使公司目标与市场需求相一致。因此，市场生命周期中营销战略选择也应考虑这三个因素。首先要考虑的显然应是顾客需求，市场营销观念是以顾客需求为中心的，营销管理的实质是需求的管理。所以，顾客需求是营销战略的基础。

1.顾客需求衍生出营销机会与威胁

可能或已经出现的需求要求企业及时检查自己的战略并进行业务评估（现有实力、潜力的评估）以应变化。

2.目标市场的基本需求决定战略自由度

不同的目标市场有不同的基本需求，战略自由度只能是为满足基本需求而提供的各种不同的方法。究竟应选择何种方法，需要依顾客需求而定。科特勒认为，战略的目标在于创造并保持优势，若不能保持竞争优势，信息资源都将成为无用的东西。由此可见，竞争战略是相对于竞争者而言的，没有竞争对手就没有必要制定战略，企业的所有活动归结起来，就是保持和创造竞争优势。

我们必须深刻理解"创造与保持优势"。制定营销战略就是要通过对竞争者和企业自身的分析，了解企业应从哪些方面进攻或防御（当然无可例外地要分析战略自由度），以达到企业的目标，而绝不是亦步亦趋地追随竞争

者，否则极易造成企业迷失终极目标 —— 顾客，被竞争者抓住主动权而遭到失败，对中小企业来说尤其如此。还有一个需要考虑的因素是企业自身，包括公司的人、财、物等资源，综合评定企业的优势与弱点等。这个因素是战略实施中重要的制约因素。

3. 企业目标决定战略选择

企业目标包括贡献目标、市场目标、发展目标、利益目标四方面，企业的目标选择决定了战略选择。比较一下日本和美国的企业就不难看出这种影响。日本企业的营销战略明显表现出市场目标，即以拥有长期市场占有率为目的，占有率增长时不计较利润，确立市场地位后，再在重要产品的市场上发起进攻；而美国企业的战略则明显表现出财务收益的目标。

4. 企业必须注意审查自身资源状况，把有限的资源集中到关键因素上

企业都渴望营销机会，但营销机会不仅仅是指对企业的营销活动有吸引力的地方，还要求企业在这里具有优势，即企业的业务力量与市场中成功经营所必须的条件相适应，并比竞争者具有优势，任何企业拥有的资源都是有限的，因此必须把有限的资源集中到关键因素上以弥补不足。正如卡尔·菲利普·戈特弗里德·冯·克劳塞维茨（Karl Philip Gottfried von Clausewitz）所说："必须在决定性的地点把尽可能多的军队投入战斗……至少要能巧妙使用军队，以便在决定性地点造成相对优势"。只要能认清关键因素之所在，这种冒险是值得的。

5. 企业自身的状况极大影响着战略实施的节奏

战略实施的本质是使企业自身与营销环境相适应，因此战略实施的节奏与企业市场地位、资源状况等息息相关。我们来看日本企业的例子：首先，其基本战略是打入低级商品市场，战略重点是市场分析、生产技术、通过贸易商代理出口；其次，其基本战略扩大到中高级市场，战略重点是注重产品形象的高级化，使用自己的商标销售；最后，则以争取全球市场为基本战略，战略重点是海外生产、提高非价格竞争能力、持续创新。由此可见，日本企业的营销战略实施是与企业本身的市场地位、实力、市场发展相适应的，而且十分高明，既避免了一开始就与实力雄厚的公司竞争，又在市场生命周期

过程中增强了竞争力，最终达到了其市场目标。

（三）市场生命周期与营销战略的选择

毫无疑问，依托于市场生命周期的营销战略选择的基本原则就是营销战略必须适应于市场生命周期的程度。

既然市场生命周期是需求与技术共同作用而成，那么显然导入期市场就因此而形成。导入期市场的最大特点是不确定性。这表现在以下三点：第一，消费者的需求是不确定的。导入期市场是技术满足了潜在需求的结果，这种潜在需求应该说是旺盛的，但因为技术的不确定性和缺乏引导而使需求显得无明确指向。第二，技术的不确定性。导入期市场往往未能引起有关各方的注意而使相应的技术标准欠缺，市场参与者以不同的技术满足着不明确的需求。第三，市场参与者的市场地位尚不明确。它们能通过不同的方式满足需求，也就是说其战略自由度相当大，这也是导入期市场竞争不激烈的一个重要原因。

导入期市场的上述特点要求营销战略选择能使不确定因素尽可能减少，并加强相对薄弱的环节。对需求的引导是第一位的，要把顾客从茫然、迷惑的境地中解救出来。企业要让顾客知道，他们将从产品、服务中得到何种利益，以使其逐步接受产品、形象。

同时要尽力消除瓶颈，瓶颈部分可能来自供应商（供应能力、价格），也可能来自销售渠道或企业自身。消除瓶颈是为达到目标创造有利条件。

随着顾客与生产者方面经验的积累，市场中不确定因素逐渐明确，市场增长速度加快，成长期到来了。成长期市场的特点显示为以下三点：第一，需求迅速上升，现实性的、明确指向的需求尤其如此，不同顾客群的不同喜好逐渐形成。第二，技术日趋成熟，由于当局或行业协会的促进，技术标准出现。第三，更多的企业参与竞争，但尚未出现真正的市场领导者，因为高速度成长的市场对绝大部分企业来说都有利，各企业埋头发展并获利颇丰。

这一时期的总原则是逐步取得市场地位，为成熟期的到来做好准备，营销战略选择可有以下三条：第一，企业要通过高投资来跟上高市场增长率。

成长期市场上，顾客需求旺盛而多样化，这就要求企业在生产、设计、销售等方面投入大量资金以适应市场的高速发展。第二，尽管成长期对许多企业都是有利的，并且市场的高速增长可能掩盖战术甚至是战略失误，但企业还是应该努力寻求市场地位，以占据牢固的市场占有率。寻求定位是企业采取主动出击的一种营销战略，要求企业善于发现需求的差异，并在形象、产品、服务、渠道上与顾客需求相适应。如果企业能做到这一点，那么它就能从容应付意外情况。第三，密切注视市场结构的变化。市场结构指因顾客需求不同而形成的企业的不同目标市场的组成。处于成长期的市场，结构是不稳定的，很可能因需求的转移或其他变化而变化。

市场成熟期是战略僵持阶段，但这并不意味着企业毫无办法。一般地说，成熟期市场上企业可以有以下四种战略选择：第一，对现有业务单位的实力与潜力进行评估，使业务组合达到最佳，以提高利润水平。第二，探讨多种经营，开辟、发展海外市场或其他有前途的事业的可能性。在这个选择上，许多公司表现得较为谨慎，以尽量减少风险，这时合作变得尤为重要。第三，要对取得成功的关键因素深刻反省，探讨改变竞争规则的可能性。成熟期市场的各企业都占有一定的市场地位，竞争规则业已形成。第四，组织结构的相应变化。从导入期到成熟期，企业所形成的固定的组织结构的模式逐渐失去了市场生命周期所要求的迅速反应的能力，它理应受到怀疑，组织结构的变动对于提高利润水平是有益的。

市场在经历了导入期、成长期、成熟期后，最终会进入衰退期，营销环境的变化，特别是技术替代（技术发明等）使现实需求急剧下降，顾客期待着代用品的出现。此时，市场上的某些企业已遭淘汰或自动退出，剩余企业可能是由于退出障碍（专用资产等），也可能是由于对剩余需求抱有信心而进行着竞争。

一般来说，衰退期最普遍的原则是缩减投资和最大限度回收资金并考虑逐步放弃。以下三种营销战略是这一原则的体现：第一，若企业认定剩余需求具有稳定性，那么此时的竞争变得较简单——通过直接竞争，争取领先的市场占有率，从而取得高于平均水平的利润。毕竟，垄断一个大大缩小了的市场要容易一些。企业可能利用现有实力在这个有限的市场上建立强大的市场地位。第二，缩减投资。尽可能多地利用现有实力，而不是追加投资来获得收益，这也是为退出该市场做准备。第三，企业若认定需求的下降、技术的替代不可逆转，则应尽早退出，通过出卖设备等尽量收回投资。

第四节　打造强势的品牌系统

一、品牌概述

（一）品牌概念

1.品牌是产品

因为消费者所购买与使用的形式物体是产品，产品开发与推广是品牌取悦于人的首要因素。

2.品牌是企业

由于产品是由企业所提供的，消费者所需的物品需要企业来开发、生产、服务、保证，企业本身的实力状态如何直接影响品牌的成长。

3.品牌是品质

买卖双方都需要一种产品和服务的保证，当这种保证得以健康地延续，这种保证就成了一种声誉。于是，人们说是买品牌货，实际上是买声誉，买雷打不动的产品或服务保证体系，品牌能否具备长远的影响力就在于此。

4.品牌是人

面对陌生的事物，人性中都存在着防御心理，产品给消费者的是一个什么样的个性感受，消费者在购买行为中是否倾注有信任、关注、接近、沟通、赞誉等多种情感，要做好这些情感沟通，关键要靠人，所以我们说，做品牌的根本是卖好自己的产品，卖好产品的关键又取决于卖产品的人会不会做人，这是品牌健康成长的根本。

5. 品牌是联想

人都有思想，都爱想象，想象的方向往往来自外界的引导，在品牌塑造过程中，这种能带给巨大想象空间的引导，通常来自厂商针对产品、企业、服务、技术等方面做出的关联性处理，能不能在每一次的行动时，都能引起消费者注意并激发出他们的联想与美好的印象，并将他们直接引导到看到产品就想到牌子，听到牌子就想到购买的方面。品牌能对消费者产生正确的引导，品牌联想功不可没。

6. 品牌是力量

品牌在环境中所表现出的态势强弱，往往就是力量的体现。企业实力、技术创造力、管理执行力、产品（服务）竞争力、铺货力、销售力、广告影响力，这些力量的合集足以形成或打倒任何一个品牌。

（二）品牌的发力点

1. 企业形象

企业形象主要指企业在外界所形成的看法与评价，包括 CIS 系统的运用、公关活动、整体实力、声誉与名望、管理制度与运作模式等方面。良好的企业形象能够使消费者产生称赞、羡慕、信任等多种感情，使经销商增加销售信心，产生服从性，使己方职员增加自豪感、信心、荣誉感。企业形象对品牌的整体形象塑造有着至关重要的作用。

2. 生产技术与创新能力

消费者观念的引导、内涵功能与使用效果。

3. 产品

产品包装带给消费者的感受、产品品质给消费者的信心、产品外形对消费者的影响、产品使用为消费者留下的亲身体验等显而易见的效果在消费者心中形成美好印象。

4. 市场推广环节

（1）市场推广中的广告创意、广告长段、发布媒体的选择，以及频率次数对观众的冲击。

（2）推广活动的规模、档次、内容，对消费者的影响。

（3）服务的及时性、问题解决能力、规范性、热情与亲切的表现。

（4）导购员、市场销售人员、客户代表、地区领导等各级职工的待人接物的态度，人际关系的处理，沟通能力，对消费者与企业、消费者与经销商、经销商与企业、经销商与经销商之间的关系协调与调动能力。

（5）付款方式、营销政策与各项激励制度的执行力度。

（6）销售终端的选择与现场布置的创新与更新。

5.品牌定位的特性

品牌定位的特性包括执行性、独特性、时效性、延续性、准确性和收益最大与牺牲最小性。

6.品牌表现力

（1）声张个性，将个性主张演变成为一种最贴近目标消费群体的生活形态，做到"让颜色成为一种本色"。

（2）气氛渲染，永远挖掘目标对象最渴望得到的东西，永远只做能够给目标消费者带来深刻感受的产品，让品牌成为目标对象不可缺少的一部分。

（3）制造潮流，将产品开发与销售紧密结合，视产品递进为"潮流制造"，切记现在是品牌制造潮流，而不是潮流生成品牌。

（三）影响品牌的因素

（1）市场中产品同质性较大，而且相互间的产品性质、功效及使用上没有差异，产品竞争时越是同质化竞争就越容易培养一个品牌。

（2）市场地位和市场定位。

（3）知名度与美誉度。

（4）消费者认可与指名购买率。

（5）信任与支持。

（6）经营者的期望与耐心。

（7）有无重复购买与忠诚的顾客团体。

（8）强大的创新能力。

（9）入微的洞察力与沟通能力。

（10）独特的个性与联想。

二、如何塑造强势品牌

（一）强势品牌的三大好处

1. 强势品牌通常是市场领导者

强势品牌同时也是市场领导者，这种现象的产生不完全是靠密集式广告或是产品的优异性能和特别好记的名字。由战略研究所定期公布的市场策略与利润幅度（PIMS）调查显示，造就领导品牌的真正原因应该是评价较高的质量，也就是顾客所认定的价值，而不是产品本身的质量。所以说，市场领导者的地位取决于产品如何迎合消费者的需求，无论其需求是否奇怪还是是否合乎道理，这些都不是研究开发或销售人员所能界定的。品牌价值源于消费者认知，所以说建立品牌形象应该是晋升及保持市场领导地位的最重要因素。一旦成为市场领导者，市场威力就会伴随而来，包括与渠道的谈判优势及消费者对产品质量自然的认同等。当然，这并不表示所有的领导品牌都是大量营销的，但即使它们选择的是细分市场，所推出的产品仍是该特定市场的领导者。

2. 市场领导品牌通常享有较高的利润空间

在传统的经济体系下，低价位的产品一向有较高的销售量，然而这些强势品牌却仍能在削价竞争中保持领导地位。

研究显示，由于市场领导品牌享有高利润空间，其利润自然相对提高。过去，大家总认为这种不公平的优势是源于经济规模的大小，但据 HMS 研究显示，市场领导品牌地位的取得是由于消费者认同其产品价值，而愿意多付一些钱去买。当然，一旦成为领导品牌之后，就能缔造高销售量，自然就有经济规模。

3. 品牌是没有生命周期的

一个品牌一旦拥有广大的忠诚顾客，其领导地位就经久不衰，强势品牌都是经久不衰的，即使其产品已历经改良或替换。因为品牌的概念比产品本身广泛，可以随着市场变换加以调整，只要能跟得上社会变化并维持既有水平，品牌就可以长期延续下去。

成功的品牌是长期、持续地建立产品定位及个性的成果，消费者对它们也有较高的认同。一旦成为成功品牌，市场领导者地位及高利润自然会随之而来。

（二）构建品牌的基本思路

无论新建品牌还是市场上已存在的品牌，企业都要检视品牌的状态，思考品牌和消费者的关系是什么，并由此发展出鲜明的品牌认同，进而去审视所采用的用来树立此认同的各种工具和方法，是加强了品牌的认同，还是背离了品牌认同。品牌认同的传播是否够好，和消费者的关系达到了何种程度，都要通过品牌资产理论来检视。发现品牌传播中存在的问题，应及时反馈，修正品牌认同或改进传播工具，不断循环此过程，直至建立强势品牌。

要想塑造强势品牌，就必须建立品牌认同。品牌认同包括两大部分，一部分为品牌知晓的建立，另一部分则是品牌个性的归附。前者为形体基础，它主要注重于品牌下的产品、企业、广告等看得见的方面对消费者产生的影响，以及这种连续灌输在消费者心中留下的印象，提高知名度、培养美誉度。后者为情感铺垫，它属于外部的回应，其主要的任务是将印象转化为形象，通过灵活运用公关活动、口碑等各方面所产生的效应，对印象进行顺延或改造，向消费者展示一种个性、展现一种生活形态与独立主张，并使其顺利被消费者所接受。与此同时，也是为所有社会大众提供一种选择，制造一种强大的品牌吸引力与凝聚力，迅速拉拢目标消费群体。这两者之间，一拉一推，目的只有一个，那就是塑造品牌个性，区隔市场，巩固市场地位，建立强大竞争优势。

1.品牌知晓的三个阶段

在建立品牌认同之前，必须认清一道程序 —— 消费者对品牌的知晓需要经历三个阶段。

（1）品牌再认，即在有提示的情况下，能够鉴别出那些以前听说过的品牌名称。它虽是品牌知晓的最低水平，但对消费者的购买选择有着非常重要的作用。

（2）品牌回忆，它是指在没有任何提示的情况下，能够回忆出产品的某些品牌。它是品牌知晓的中级水平，当消费者达到这个层次，他们就不仅听说过或见过某类产品的某类品牌，还说明此品牌已给予了消费者一定的了解和比较深刻的印象，它对品牌购买决策关系重大。

（3）品牌浮现，即在上述品牌回忆中说出的第一个品牌，一个品牌如果第一个被消费者提及，就说明该品牌已具有很强的竞争优势，在许多情况下，就意味着消费者对其他品牌将不予考虑。它的作用是直接引起购买。

2. 如何完成品牌知晓

完成品牌知晓可总述为"3W1H"，即 where、what、why、how。

（1）where，即分清方向，确定位置

①对现有的消费群体、竞争对手、市场环境做出分析。

②明确自己欲攻占的区隔市场。

③打动首要购买群体。

④确定给人们的第一感观是什么。

⑤对产品做出差异性处理，包括产品外形、使用、效果、沟通情感、包装、科技等方面。

⑥端正企业形象，由出卖产品的单纯念头转变为贩卖思想或一种生活的情趣或形态。

⑦寻找品牌个性，形成品牌性格，使消费者找到归属感。品牌个性通常分为五大类：纯真、刺激、称职、教养、强壮。

⑧紧紧围拢品牌个性，明确产品与企业形象，规范各项操作行为，向消费者公布品牌形象。

（2）what，即品牌可以向人们说的是什么

①说产品，具体有品质、外形、包装、使用效果、操作性、科技性。

②说企业，包括企业的形象、整体实力、经营理念、发展目标、精神面貌、员工生活、社会活动、声誉与名望等。

③说人性，谈沟通、谈情感、谈感想、谈喜怒哀乐。

④说品牌的主张，崇尚的生活形态、亮出的观点、引导的潮流、所提倡的归属等。

总之，这里所说的最终效果就是一定要引起广泛的回应，这种回应不一定都是正面的，但无论如何，所得回应越大就越能说明效果突出。

（3）why，怎么做，让真实的事艺术地表现出来

①在产品上，提高品质，创意外形，做好售后，改造包装，多提供显而易见的使用效果，尽量拉大与其他品牌的差异，提高竞争优势。

②在企业中，规范工作行为、端正工作态度，焕发新的精神，展示实力，提高服务质量与产品开发能力。

③在营销中，规范营销管理，完善对营销人员与经销商的激励制度，做到收放有节，奖罚分明；行动一致，无论是销售行为还是促销活动都必须做到以"人"为主，以质为先，让每一项营销事件都有品牌的影子。

④在广告宣传中，综合利用电视、网络等多种宣传手段，广发信息、制造声势，提高知名度，灌输品牌思想。

⑤在公关活动中，辅助品牌知名度顺利地向美誉度过渡，进一步处理好产品（服务）、企业、品牌与消费者之间的关系，在社会大众中培养健康、良好的品牌形象。

⑥在现场说法中，阐述一项主张，澄清一件事情，扩大影响力，广造声势，集结品牌沉淀，增加社会各界对品牌的信心。

（4）how（怎么样），即建立品牌监测

时刻关注品牌对消费者产生了什么样的效果，效果是否与所想的一致，在何处还有不足，需要做什么样的修改，在产品的推广中对人的依赖性有多大，这种依赖是暂时的还是永久的，有无办法改变。实际上，此环节更多的是为以后的工作做出信息反馈，为品牌的未来发展校正目标。

三、品牌资产的评估与管理

（一）什么是品牌资产

品牌资产是指由于品牌因素的影响，同非品牌相同产品相比，营销所产生的不同结果，即一些与品牌的名称和符号有关的资产，它们能增加或减少产品提供给公司和顾客的价值。品牌资产具有三个特点：货币价值、无形资产、可感知性。支持品牌资产的价值可以分为五类：品牌忠诚、品牌知名度、可感知的质量、品牌联想、其他品牌资产。

（二）为何使用品牌资产追踪研究

品牌资产研究的目的是建立品牌随着时间发展的变化轨迹，为决策者提供及时、准确、可实施的信息，帮助制定短期战术及长期战略。

品牌资产意味着赋予产品一种"附加价值"，是品牌持有者长期在营销方面为品牌所做的投资的结果，这种投资所带来的收益就是：①更高的忠诚度；②对于竞争对手的营销行为具有较强的抵抗能力；③对市场危机具有较强的抵抗能力；④顾客对价格上升有较强的价格承受力；⑤得到更多的行业合作和支持；⑥增强营销沟通效果。

（三）品牌资产的评估方法

以市场调查的方法，用打分的形式对品牌资产中所含要素进行评估，其中品牌要素有四组。

1. 区隔性

品牌与竞争对象的品牌之间是否有较明显的差异。

2. 关联性

品牌与消费者之间是否已建立关联，它对消费者是否有意义。

3. 推崇性

品牌是否得到推崇，是否已是市场中的佼佼者。

4. 认识性

消费者对品牌的认识程度。

在此评估之下，得分越高就越说明品牌越有价值。

（四）品牌的管理

一个品牌战略成功与否，成功的程度有多大，需要一个量化的数字来衡量，即用品牌资产来评价。现今品牌管理中的品牌状态有三分法：品牌知名度、品牌美誉度和品牌忠诚度。知名度仅限于知名，美誉度使消费者向往，忠诚度则使品牌成为消费者生活中表达情感和个性非常重要的组成部分。

我们用比喻的方式讲品牌的三个层次，即品牌的三个状态。任何一个市场都是由处于这三个状态的品牌组成的。考察市场上的任何一个品牌都要从这三方面来进行，品牌资产理论正是这样构建的。品牌联想实际上三个状态都有，一般说来，知名度层次的联想肯定不如认知度和忠诚度层次的联想丰富。在知名度层次想到的可能仅是名称符号，而在美誉度层次的联想就有了产品品质、营销品质等方面深一些的东西，在忠诚度层次就会想到品牌个性这些深层的精神。品牌联想是品牌各个层次的内容解说，它给出了品牌何处在这一层次的原因。了解消费者对品牌的联想，就可以分析出消费者是否有足够的理由来购买此品牌，如没有理由或理由不充分，那么就要赶快给出一个理由。

品牌管理的关键在于：①品牌识别系统的建立与完善；②组织的及时调整，包括执行总裁、品牌战斗组、品项经理等各项组织；③沟通，包括与消费者的沟通、与经销商的沟通等；④贯彻一致性诉求与行动的统一性把握。

（五）品牌延伸演变

品牌演变绝不是产品延伸，它是对品牌认同的拓展与深化，让消费者心目中的品牌形象变成一种代表自我的象征与符号的长期品牌经营过程。

品牌演变是双向延伸，即由品牌认同演变成品牌联想，让联想成为代表自我的象征与符号，以此强化品牌地位。

1.情感演变

情感演变以培养品牌忠诚度为首要任务，不断对品牌个性与其认同的情感进行挖掘，并将其升华、张扬成为一种品牌光环，让这种光环成为社会所关注的热点，让所有购买者都能得到一种荣耀。这种情感演变若要深入下去，最好的途径来自自身的炒作与广告传播、公关活动的配合运用。

2.品牌延伸

品牌延伸指将现有产品范围延伸至另一种产品范围。其延伸有多种，视目标消费群的需求、市场形态与竞争对手的反应而做出演变。其作用为拓展更广阔的市场占有板块，阻止竞争对手的入侵，提高品牌地位。通常的品牌延伸有两种。

（1）品牌延伸

在一个大品牌下，创建多个新品牌渗透及不同的细分市场，并在每个市场中都能谋求到市场占有与竞争优势。对内，多个品牌间相互竞争，以提高各个品牌的战斗力；对外，多个品牌同时攻击竞争对手的多个侧面，使对手防不胜防。

（2）品牌移动

将现有品牌向上或向下、由中档市场向高档市场等方向移动，以避开在单个市场成熟时所产生的竞争压力，由始至终都得到绝对的竞争优势和较大的市场回报。

这两种品牌延伸的方法各有长短，具体执行时应视当时的竞争状况而制定方式。

第五节　指挥立体的整合营销

一、整合营销传播概述

（一）整合营销传播的内涵

整合营销传播理论，兴起于商品经济最发达的美国，是一种实战性极强的操作性理论。它的内涵是："以消费者为核心重组企业行为和市场行为，综合协调地使用各种形式的传播方式，以统一的目标和统一的传播形象，传递一致的产品信息，实现与消费者的双向沟通，迅速树立产品品牌在消费者心目中的地位，产品品牌与消费者建立长期密切的关系，更有效地达到广告传播和产品行销的目的。"

（二）整合营销传播的核心

整合营销传播的核心和出发点是消费者，企业树品牌的一切工作都要围绕着消费者进行，企业必须借助信息社会的一切手段知晓什么样的消费者在使用自己的产品，建立完整的消费者资料库（用户档案），从而建立和消费者之间的牢固关系，使品牌忠诚成为可能；运用各种传播手段时，必须传播一致的品牌形象。

如果一个人是汽车生产厂家，他所追求的是，无论顾客什么时候买车，还是在哪里买车，都要买他的牌子的汽车；如果一个人是一位汽车销售商，他的目的是，无论顾客买什么牌子的汽车，都要到他这里来买。这便是整合营销传播所要达到的境界。

整合营销传播主张把一切企业的营销和传播活动，如广告、促销、公关、新闻、直销、包装、产品开发，进行一元化的整合重组，让消费者从不同的信息渠道获得对某一品牌的一致信息，以增强品牌诉求的一致性和完整性，对信息资源实行统一配置、统一使用，提高资源利用率。这使得一切营销活动和传播活动有了更加广阔的空间，可以运用的传播方式大大增加了。

二、整合营销传播引发观念变革

（一）真正以消费者为中心

整合营销传播理论是对传统市场营销理论的一次颠覆，在 20 世纪末引发了一系列的营销观念变革。

整合营销传播理论笼罩下的现代企业是以消费者为目的，以销售为核心，生产是为销售服务的。消费者是上帝，要对产品实行终身服务，而不是"货物出门，概不退换"。

产品要根据消费者的喜好，及时变换，消费者需要什么就生产什么。企业要以销售部门为核心，树立一线是市场的观念。企业组织要围绕销售高效运转，企业的领导人是负责销售和广告的总经理，而不是负责生产的厂长，要建立大后勤部门的观念，即所有部门都是为销售服务的后勤部门。

企业必须摒弃"好酒不怕巷子深"的观念，树立品牌营销的观念，所有的市场行为必须以树立品牌在消费者心目中的长久地位为核心，对于市场危机的处理必须以不危害品牌形象为标准，而不是只追求短期的经济效益。

企业必须重视销售人员和零售商的作用，因为它们直接代表着品牌的形象，所有销售人员和零售商必须经过严格培训，使之树立品牌信仰，谋求与消费者建立长期稳定的关系。所有企业在销售量或利润上的成果，完全依赖消费者的购买行动，消费者的行为是决定企业成功与否的主要因素。

整合营销传播将企业从"我要推销什么"这一境地推向了"谁为何要买我的产品"的思考，整合营销传播提供的是一种全新的营销观念，即以消费者为核心，综合运用各种传播手段重组企业行为和市场行为，传递"一个声音"的产品信息，实现与消费者的双向沟通，迅速树立品牌在消费者心目中的地位，培植一大批忠诚的消费者，从而实现产品行销和品牌树立的长期目的。整合营销传播理论在商战中有着现实的指导意义。

（二）整合营销传播的双向沟通策略

整合营销传播的目的是建立产品品牌与消费者之间的双向沟通，使消费者"一旦拥有，别无所求"。

整合营销传播所借助的是大众传播的手段，但要达到定向传播的目的。受众对于属于自己独有的信息总是特别关注，定向传播的效果来得更直接有效。

双向沟通的基础是厂家拥有一整套完整的消费者资料库（消费者档案），厂家对自己推销的每一种产品都要进行市场跟踪，在长期的营销积累中通过电脑管理，建立用户档案库，以便进行长期的消费者追踪、售后服务和产品的升级换代。

厂家对潜在消费者的挖掘，依赖对公众信息资料的运用。随着个人信息的社会化，厂家有可能获得越来越多的消费者的个人信息，更有效地锁定消费者。

整合营销传播谋求建立的双向沟通是一种良性的互动关系，目的在于使消费者成为固定的品牌忠诚者。厂家必须对消费者的方方面面，包括其人口统计特征、心理统计特征、购买历史、购买行为、使用行为、消费习惯进行综合研究，以此作为产品开发和市场推广的基础。

建立消费者资料库之后，还必须不断地分析消费者关心的热点并积极进行市场应对。随着国际互联网的建立和完善，双向传播日益成为现实。以双向沟通为目的的整合营销传播前景十分广阔。

三、整合营销传播的广告策略

（一）广告策略是整合营销传播成功的关键

广告策略是整合营销传播的重要组成部分，也是整合营销传播成功的关键。消费者可以通过各种接触方式获得信息，可由各种各样的媒体接受各种形式、不同来源、种类各异的信息，这些信息必须保持"一种声音、一个面目"，才能获得最大限度的认知。因此，广告策略必须对各种传播媒介进行整合运用。

消费者的心理图像显示，人们对一个一致的品牌信息必须接触多次才能构成记忆留存，只有永不间断地接触这一信息才能构成品牌忠诚。

因此，整合营销传播的广告策略由"一个声音"的广告内容和永不间断的广告投放两个要素构成，世界名牌广告所传递的广告内容一定是整合一致的，而且广告不会随着名牌的树立而减少。

（二）制定整合营销广告策略的步骤

1. 要仔细研究产品

首先要研究产品，明确这种产品满足的是消费者的哪方面的需要，有何独特卖点。

2. 锁定目标消费者

确定什么样的消费者才是销售目标，做到"有的放矢"。

3. 比较竞争品牌

比较竞争品牌的优势及其市场形象。

4. 树立自己品牌的个性

研究树立什么样的品牌个性才会受到消费者的青睐。

5. 明确消费者的购买诱因

明确消费者购买该品牌的诱因是什么，为什么会进行品牌的尝试。

6. 强化说服力

必须加强广告的说服力，通过内容和形式的完美结合说服消费者。

7. 旗帜鲜明的广告口号

这是在众多消费者中引起消费者注意的捷径。

8. 对各种形式的广告进行整合

对电视广告、网络广告、平面广告等进行一元化整合，以达成消费者最大限度的认知。

9. 研究消费者的接触形式，确定投放方式

要研究消费者是如何接触到自己的广告的，如何增多消费者的接触次数，确定广告投放方式，以达到品牌认知。

10. 对广告效果进行评估

对广告的效果进行量化评估，为下次广告投放提供科学依据。

整合营销传播的核心是使消费者对品牌产生信任，并且要不断维系这种信任，与消费者建立良好的信任关系，使其长久存在于消费者心中。整合营销传播的广告策略所力求避免的是传统传播方式造成的传播无效和浪费。

第六章　总　　结

　　市场营销策略的制定在很大程度上影响了企业的战略目标，因此必须要根据市场环境的变化，及时改进和完善企业的市场营销策略，在提高企业经济效益和社会效益的同时，建立顺应市场发展的战略目标，有利于企业持续稳定的健康发展。为了在日益激烈的市场竞争中生存，企业必须创新自身的市场营销管理，制定科学合理的营销策略，这对于企业的发展具有良好的促进作用。因此，对企业而言，如何在激烈的市场竞争中选择和制定适合自己发展的市场营销方案和营销策略显得极其重要。

　　企业的经营发展需要以良好的市场营销管理作为前提，通过不断创新和完善市场营销管理，加强员工的市场营销观念，建立系统科学的市场营销组织机构，从而提高企业的经济效益和社会效益，同时加强市场竞争力，利于企业持续稳定的健康发展。

参考文献

[1]张铁志. 市场营销与企业管理 [M]. 天津：天津科学技术出版社，2019.

[2]高见，孙霞霞，薛英. 经济多元化背景下企业市场营销理论及营销策略研究分析 [M]. 北京：中国商务出版社，2017.

[3]司凯，彭明唱. 市场营销 [M]. 西安：西安电子科技大学出版社，2018.

[4]吴言忠，张岩，周辉. 市场营销学 [M]. 北京：中国铁道出版社，2020.

[5]雷朝阳，沈华礼. 市场营销学原理 [M]. 南昌：江西高校出版社，2019.

[6]任崇琪. 互联网时代 A白酒企业市场营销策略研究 [D]. 青岛：青岛大学，2020.

[7]彭欣. 社交媒体环境下企业市场营销策略研究 [D]. 武汉：武汉纺织大学，2017.

[8]侯佳. 社交媒体在企业市场营销中的应用 [D]. 长春：吉林大学，2016.

[9]王英龙. 基于移动社交网络的我国餐饮企业市场营销策略研究 [D]. 青岛：中国石油大学（华东），2015.

[10]佘少辉. XX企业市场营销策略研究 [D]. 昆明：云南大学，2013.

[11]刘凌云. 企业市场营销伦理评价应用 [D]. 北京：北京科技大学，2008.

[12]王义昌. 企业市场营销预测模型研究与分析 [D]. 苏州：苏州大学，2007.

[13]刘明达. 电子商务对企业市场营销的影响及对策研究 [D]. 北京：华北电力大学（北京），2007.

[14]白素杰. 中小企业营销创新模式研究 [D]. 天津：天津科技大学，2006.

[15]石艳东. 企业市场营销风险评估预警系统研究 [D]. 西安：西安建筑科技大学，2005.

[16]唐洪. 英语写作的认知策略探析 [J]. 桂林电子工业学院学报，2003（04）：26-29.

[17]邹月华. 企业市场营销战略研究 [D]. 北京：北京化工大学，2002.

[18]李绣萍. 网络经济下企业市场营销流程再造研究 [D]. 大连：大连理工大学，2001.

[19]王延玲. 企业市场营销战略研究 [D]. 北京：北京化工大学，2001.

[20]张善轩. 企业营销组织研究 [D]. 北京：中国社会科学院研究生院，2001.

[21]朱莉香. 客户关系管理在企业市场营销中的价值思考[J]. 中国市场，2020（14）：139-140.

[22]赵永胜. 互联网背景下企业市场营销创新研究 [J]. 技术经济与管理研究，2020（04）：72-79.

[23]林海仪. 客户关系管理在企业市场营销中的价值思考[J]. 中国商论，2020（07）：65-66.

[24]耿东锋. 试论客户关系管理在企业市场营销中的作用 [J]. 现代营销（下旬刊），2020（01）：68-69.

[25]杨宝珍，程圆. 企业市场营销能力指数构建及灰色关联度分析[J]. 商业经济研究，2019（17）：79-81.

[26]刘嘉毅. 客户关系管理在企业市场营销中的价值探讨[J]. 中国市场，2019（25）：122-123.

[27]胡嘉杨. 基于竞争战略角度下的企业市场营销策略研究 [J]. 中国市场，2019（25）：110-111.

[28]张天一. 新媒体背景下企业市场营销模式创新策略[J]. 中国市场，2019（27）：136，138.

[29]郭倩. 大数据时代对企业市场营销的影响及企业市场营销提升策略研究 [J]. 中国管理信息化，2019，22（14）：65-66.

[30]孙穗. "一带一路"背景下企业市场营销战略新思路探讨 [J]. 价格月刊，2019（05）：90-94.

[31]段彦辉. 关于中小企业市场营销有效策略的研究 [J]. 中国商论，2019（05）：71-73.

[32]宋子牛. 网络经济时代企业市场营销研究[J]. 中国市场，2018（35）：140-141.

[33]郭晓利. 以差异化竞争为基础的企业市场营销战略研究 [J]. 现代营销（下旬刊），2018（10）：57-58.

[34]王夏，蔡宝玉. "互联网＋"时代企业市场营销优化策略探析 [J]. 商业经济研究，

2018（19）：49-51.

[35]胡培，唐甜甜. 移动互联网背景下企业市场营销的创新研究 [J]. 理论探讨，2018（04）：99-105.

[36]孟辛澄. 大数据时代企业市场营销策略探索 [J]. 商场现代化，2018（02）：75-76.

[37]李娟. 以差异化竞争为基础的企业市场营销战略研究 [J]. 改革与战略，2017，33（07）：175-178.

[38]杨帅. 企业市场营销能力的评价与实证 [J]. 统计与决策，2017（06）：186-188.

[39]冯世凯. 客户关系管理在企业市场营销中的价值思考 [J]. 商场现代化，2017（05）：70-72.

[40]李晨溪. 中小企业市场营销问题分析 [J]. 财经问题研究，2015（S1）：56-58.